成本核算的陷阱

[日] 一仓定 著
陶思瑜 译

人民东方出版传媒
东方出版社

图书在版编目（CIP）数据

成本核算的陷阱 /（日）一仓定著；陶思瑜译 .
北京：东方出版社，2025. 5. -- ISBN 978-7-5207-4043-2

Ⅰ. F275.3

中国国家版本馆 CIP 数据核字第 2024TJ1669 号

ANATA NO KAISHA WA GENKA KEISAN DE SON WO SURU written by Sadamu Ichikura
Copyright © 2021 by Kenji Ichikura
All rights reserved.
Originally published in Japan by Nikkei Business Publications, Inc.
Simplified Chinese translation rights arranged with Nikkei Business Publications, Inc. through Hanhe International (HK) Co., Ltd.

本书中文简体字版权由汉和国际（香港）有限公司代理
中文简体字版专有权属东方出版社
著作权合同登记号 图字 01-2023-3190

成本核算的陷阱

（CHENGBEN HESUAN DE XIANJING）

作　　者：[日] 一仓定
译　　者：陶思瑜
责任编辑：高琛倩
责任审校：曾庆全
出　　版：东方出版社
发　　行：人民东方出版传媒有限公司
地　　址：北京市东城区朝阳门内大街 166 号
邮　　编：100010
印　　刷：华睿林（天津）印刷有限公司
版　　次：2025 年 5 月第 1 版
印　　次：2025 年 5 月第 1 次印刷
开　　本：787 毫米 × 1092 毫米　1/32
印　　张：7.375
字　　数：124 千字
书　　号：ISBN 978-7-5207-4043-2
定　　价：42.00 元
发行电话：（010）85924663　85924644　85924641

版权所有，违者必究
如有印装质量问题，我社负责调换，请拨打电话：（010）85924602　85924603

再版寄语

本书为一仓定的处女作。

本书初版于 1963 年。彼时正值日本经济高度成长期，一仓定在这一年辞职创业，成为一名企业经营管理的职业顾问，此后出版了多本著作。一仓定为自己的处女作选择的主题是"成本管理"。

为什么是"成本管理"呢？担任一仓定研究会理事的税理士[①]山本敏指出，这是因为 1962 年的原大藏省制定了"成本核算标准"。

"成本核算标准"展示了作为企业会计准则部分的成本核算的一般标准。该制度一直存续至今，从未修订过。虽然该制度成了企业会计的工作指南，但其主要涉及的是财

---

① 日本税理士的业务主要包括税务代理、税务文书的编写、税务咨询、会计业务等。——译者注

务会计，与涉及企业经营的管理会计相距甚远。

　　这个制度让一仓很气恼。一仓见过很多公司，从表面上看，全公司职工都在齐心协力地为公司争取利益，然而，透过表面深入内部一看，实际情况恰恰相反。一仓任职过的公司就是这类公司中的一个，该公司最终破产倒闭了。一仓当时在生产技术部门工作，公司的破产让他明白，仅提高公司生产部门的效率是不行的。公司必须舍弃毫无战略规划的经营方式，不能只顾提高产品的销售量而不顾及各个产品的成本核算。

　　正因为如此，一仓始终坚持完全成本核算。他不满意政府制定的成本核算标准，认为这种制度对于经营决策毫无用处。"成本核算标准"问世后第二年，一仓就出版了自己的著作予以反击。对此，山本先生指出："这本书完全就是在反抗政府制定的会计标准。"

　　一仓的反抗在此之后一直持续着。一仓在其第二本著作《向管理发起挑战》（1965年）中全力批判只关注内部组织管理、怠慢市场活动、受环境变化左右的错误经营行为。同样，由技报堂出版的他的第三部著作《扭曲的目标管理》（1969年）则警示了当时许多公司仿效的美国的目标管理制度，认为虽然实现了公司的经营目标，财务上却会出现赤字。

一仓的这些书全都是在反对同时代的经营潮流。在《向管理发起挑战》一书中，一仓明确指出："本书是一本挑战时代的书，是一本反潮流的书。"

构成一仓早期三部著作的主要内容是，批评停止思考的经营者们。在这个世界上，什么才是正确的答案呢？只要遇到随波逐流的经营者，或者是推卸责任的经营者，或者是无法独立思考的低能经营者，一仓就忍不住火冒三丈。

在这本处女作中，一仓否定了分配所有经费的完全成本核算方式，竭尽全力阐述了重视可变支出变化的直接成本核算方式。后来，一仓的二儿子一仓健二在回忆父亲举办的经营者研讨班时，说道："父亲在每次研讨班上都会讲授利润计划，都会安排一整天去讲授制订计划的方法。"

在进入低成长时代的21世纪的当下，抱有强烈危机感的人们，非常需要一仓在本书中用他那能言善辩的口才讲授成本管理。在日本经济高度成长期，识破企业的经营本质，让"传说中的企业经营管理顾问"——一仓定名声大噪。

一仓的传说始于本书。请仔细品读。

（注）本书初版为 1963 年 10 月由技报堂出版的《成本核算的陷阱》。书中出现的企业名字皆维持原样。关于货币购买力，当时 1 日元相当于现在的 4 日元。各章节需要补充说明的细节，将在相应章节附上注释。此外，在不改变原文意思的前提下，对部分文字进行了修改。修订、删除了一些现在被认为是"歧视性"的文字表述。

日经 BP 领袖编辑部

前　言

"成本"对于企业经营者而言是非常重要的问题。正因为如此，应该将宝贵的金钱和人力用来核算成本。但是，企业经营者对这种做法的结果感到满意吗？

当企业经营者看到会计师提交的成本核算书时，首先让企业经营者感到不快的，是其中艰涩费解的理论和自以为是的表述方式，而一串串数字更是莫名让人觉得与实际情况相背离。

然而，当企业经营者听完会计师思路清晰的成本核算说明后，既无法找到一个理论依据来反驳，也找不到实际的反例，最后不得不在心存芥蒂的状态下被迫接受会计师提交的成本核算书。因此，在遇到经营问题时，很多企业经营者会无视成本核算的结果，全凭直觉和胆识来做决策。在企业经营中，如果成本核算可以被忽视，那不如干脆不做这个成本核算。但是，不做成本核算又会让人感到不安，企业经营者们为此感到困惑。"半信半疑"正是长期以来成本核算遭受的待遇。

成本核算之所以会遭受如此待遇，皆事出有因。不仅因为它没有改善企业的经营状况，还因为它在毒害企业。有一些不懂会计知识的企业经营者不清楚成本核算到底是什么，全靠自己的本能来理解成本核算。显然，如果不知道成本核算的概念是什么、目的是什么，是会出大问题的。一不小心就可能毁掉整个企业。

企业经营正在变得越来越艰难，我们不能总是对上述情况放任自流。

在这种背景下，本书的第一个目标是，揭秘深植于企业内部的传统会计理论——充斥于企业会计理论之中——魔法的真面目，揭示矛盾，打破"成本迷信"。

本书的第二个目标是，扩大成本概念。成本不再是单纯的会计概念，而是把成本当作宽泛的、积极的"提高生产效率"的指标和工具，并探索新成本概念的发展方向。

想要让这两个目标符合成本核算的终极目的，就必须将成本从"会计之塔"中抽离出来，使之成为企业经营者、技术人员等大众都能理解的东西。

为了实现本书的两个目标，在论述过程中，我尽可能使用了身边的例子和浅显易懂的语言表述。虽然我努力让本书通俗易懂,但无奈才疏学浅,我不知道自己到底做到了几成。如果聪明的读者朋友们能从本书中有所收获,那将是我莫大的荣幸。

目 录

第1章 企业经营的噩梦
——完全成本核算

1.1 有作为就是对的、不作为就是错的吗 ………… *002*

1.2 滑雪旅馆的成本核算 ………… *007*

1.3 不合理与合理 ………… *013*

1.4 淘汰低收益鸡 ………… *017*

1.5 儿子的低工资 ………… *025*

1.6 如果穿别人的兜裆布去参加相扑比赛 ………… *030*

1.7 徒劳无益 ………… *033*

1.8 如意算盘 ………… *035*

1.9 亏本的盈余决算 ………… *038*

1.10 一、八、十、木、木 ………… *044*

1.11 会计概念的改革 ………… *047*

1.12 企业的任务是提高生产效率 ………… *049*

1.13　成本核算的目的 ·· *052*

1.14　礼服和常服 ·· *055*

第 2 章　企业经营的领航
——直接成本核算

2.1　水与油 ·· *058*

2.2　直接成本核算法 ·· *061*

2.3　如何比较利润

　　——关于"淘汰低收益鸡"的说明 ···················· *068*

2.4　如何判断亏本

　　——关于"儿子的低工资"的说明 ···················· *074*

2.5　提高还是压低外包费——关于"如果穿别人的

　　兜裆布去参加相扑比赛"的说明 ······················ *078*

2.6　提高产品的加工程度会怎样

　　——关于"徒劳无益"的说明 ·························· *080*

2.7　投资新设备的收益如何

　　——关于"如意算盘"的说明 ·························· *082*

2.8　如何定价

　　——关于"滑雪旅馆的成本核算"的说明 ········· *085*

2.9　如何估价 ·· *089*

2.10 为何要把握短期盈亏
　　——关于"亏本的盈余决算"的说明 ………… *094*

2.11 前进与后退 ………………………………… *103*

2.12 直接成本家族的成员 ……………………… *104*

2.13 如何决定直接成本 ………………………… *108*

2.14 固定成本不是永恒不变的 ………………… *113*

第 3 章　企业经营成本和利润
—— 先进的成本

3.1 机会成本（Opportunity Cost）…………… *116*

3.2 不可靠的利润率
　　——区分现在会计和未来会计的思维方式 ……… *118*

3.3 实战性财务分析 …………………………… *124*

3.4 盈亏平衡分析图的用法 …………………… *136*

3.5 边际收益图 ………………………………… *140*

3.6 利润计划表与销售计划表 ………………… *142*

第 4 章　企业经营成本的削减
—— 真实的经营

4.1 成本管理 …………………………………… *146*

4.2 计划赶不上变化 ·················· *150*

4.3 削减成本的战略与战术 ············· *152*

4.4 变动成本的削减 ················· *154*

4.5 用设计减少消耗 ················· *155*

4.6 关于试制设计的思考方式 ············ *159*

4.7 明确质检标准 ·················· *162*

4.8 减少不良损耗 ·················· *163*

4.9 管理部门和程序的精简化 ············ *164*

4.10 严禁随意节约经费 ··············· *167*

4.11 干净与整洁 ··················· *169*

4.12 如何考虑人力成本 ··············· *173*

第 5 章　企业经营的人力资源管理
——经营中心制度

5.1 人力资源 ····················· *176*

5.2 经营中心制度 ·················· *181*

5.3 业绩核算方法 ·················· *182*

5.4 收支核算的含义 ················· *188*

5.5 画龙要点睛 ···················· *190*

5.6 各中心的收支核算 ················ *191*

5.7　经营中心制度的精神 ·················· *197*

第6章　企业经营成果的分配
——拉克计划

6.1　每个人都是在为自己工作 ················ *200*

6.2　单方面的成本下调要求 ················· *203*

6.3　工资应该付多少 ···················· *205*

6.4　欧陆纸业公司 ····················· *208*

6.5　世界奇妙物语——薪资率的法则 ············ *210*

6.6　拉克计划的诞生 ···················· *215*

6.7　走向劳资共同经营 ··················· *218*

主要参考文献 / *220*

第1章 企业经营的噩梦

——完全成本核算

1.1　有作为就是对的、不作为就是错的吗

有一家公司，公司的会计科长是一位工作狂。会计科长认为："公司的资本金已经有5000万日元。继续做商业会计是不行的，无论如何要切换成工业会计。而且必须按产品类别、部门类别、工程类别分别把控所有的成本，公司必须在确凿的数据基础上开展经营活动。"

且有法律顾问、会计师[①]帮忙当说客，会计科长的建议获得了公司核心管理层的认可。于是，会计科长雄心勃勃地着手改革公司的成本核算标准。

由此也拉开了后面举全公司之力"演绎"的原价核算闹剧的序幕。

首先，会计科长提出要增加会计科职员人数。公司总共有200名职工，为了核算成本新聘入5名大学生，导致

---

① 会计师，日本曾经实行过的国家级会计从业人员认证资格。1948年，日本实行公认会计师制度后，原来的会计师法被废止，此后再也没有认证新的会计师。

公司的人力成本突然增加。

会计科在不跟其他科室协商的前提下，单凭会计科长一己之见就开具了核算成本所需要的各种发票。其他各部门以召开说明会为由，要求会计科长就发票问题进行汇报说明。如此一来二去，无形中就增加了公司的经费开销和工作量。

在会计科，每个人都有各自的职责任务，甚至还重新分配了办公桌。但全公司上下，只有会计科这么大张旗鼓地进行了调整，别的部门对这种额外增加的工作量感到困惑不解。

进入到公司经费分配（成本分配）环节时，在职工宿舍电费、燃气费、取暖费的分配上，公司内部马上就出现了各种议论。由于职工宿舍租户中既有在生产部门工作的员工，也有在管理部门工作的员工，如果按照所属部门进行分配，分配过程会变得非常复杂烦琐。而且，宿舍租户不仅工资收入不尽相同，宿舍租户的更换频率也非常高。

甲乙丙丁，各说各话。我忘记最后讨论的结果是什么了，但这个决定肯定是按照会计科的意见进行处理的。最后是会计科制定了一个经费分配方案，然后按照这个方案进行了经费分配。其他各类费用也都是根据外行不懂的高级会计理论、会计专业技术和会计科的独断专行完成了分配。

然而，明明是会计科算出来的分配数字，却被认定为是各部门自己提出来的，需由各部门的负责人自己担责。实际上，整个分配流程完全是在会计科的独断专行下进行的。可以说，这不是天灾而是人祸。结果是，"成本高"的问题被推卸给了各部门负责人，会计科长则"置身事外"，假装不知道是因为自己部门的人力成本增加而导致了公司产品成本的提高。

在公司里，气氛变得非常紧张。

生产部门抱怨："我们为公司拼命工作、流血流汗，但其他某些部门却养着一批闲人在那儿优哉游哉。他们养闲人的钱是通过提高我们制造的产品的销售成本得来的，他们反倒指责我们的产品销售成本太高了。世上哪有这么荒唐的事情？会计科为什么不裁减一下他们自己部门的人啊？"

销售部门也怨声载道："成本核算可能的确是必要的。但是，自从成本核算团队参与产品报价的制订后，产品报价就变得非常高了。虽然成本上涨可能事出有因，但市场不见得认可这个报价。如果我们销售部门拿着这个报价出去跑业务，是签不到新客户的。"

IE（工业工程，即生产技术）部门的员工们同样指责会计科。由于IE部门通过改良生产工艺有效降低了成本，所以说起话来更有底气，对会计科的做法容忍度也更低。"那个成本核算到底是怎么降低成本的啊？它能增加收益吗？看起来好像什么都没做到啊。而且那种分配方式能解决什么问题啊？"

正好该公司刚推出了一款新产品，但该产品的月盈亏核算中出现了让人匪夷所思的问题。

以9月和10月的月盈亏核算为例。在9月份时，公司根据市场调研预估，生产了大量产品，但是产品的销售情况很差，导致出现了库存积压。于是，在10月份时，公司减少了产量，产品的销量却出奇地好，是9月份销量的好几倍。

可是，从月亏盈核算的结果来看，公司9月份是赢利状态，10月份却是亏损状态。生产车间的负责人I先生觉得难以理解，要求会计科给出解释。会计科长对此作出了专业的说明。不懂会计知识的I先生听得云里雾里、似懂非懂，但还是坚持认为，实际情况只可能是9月份亏损、10月份赢利。在I先生心中，一直存在一个无法用理论解释的疑问。

会计师撰写的成本核算书到底对企业经营者经营企业能起到多大的参考作用？是不是采取了"成本是成本、经营是经营"的态度？它为管理层削减成本提供了有用的信息吗？答案都是否定的。

没有比成本核算更不受人待见的事情了。企业经营者虽然想看成本核算，却对结论心存怀疑。销售部门对成本核算敬而远之，生产部门视成本核算如仇敌，技术部门对成本核算置之不理。为什么传统的成本核算如此这般悬浮于实际经营业务之上呢？其中必然存在大问题。

没错，的确存在很大的问题。

接下来，我们就一起弄清楚到底在什么地方存在什么样的问题。

1.2 滑雪旅馆的成本核算

这是一个滑雪旅馆的案例。

由于这类行业受季节影响很大,所以如果按照传统方法来核算成本,会出现很多问题。

"在这家旅馆,冬季 1 个月就有 300 位顾客,夏季 1 个月只有 30 位顾客。旅馆的住宿费是每人每晚 1000 日元。旅馆每个月的固定成本(类似于一般管理费,公司根据产品的产量、旅馆根据营业期间按比例产生的费用)为 60000 日元,变动成本(材料费、顾客的食材费等,根据产品、客人的数量按比例产生的费用)为每位顾客 300 日元。"

会计核算了滑雪旅馆的成本后,得出每位顾客的固定成本是:

冬季 60000(日元)÷300(人)= 200(日元/人)

夏季 60000(日元)÷30(人)= 2000(日元/人)

因此：

　　　　变动成本　　固定成本　　　成本
冬季　300（日元）＋200（日元）＝500（日元／人）
夏季　300（日元）＋2000（日元）＝2300（日元／人）

【这种以客人人数为单位计算固定成本和变动成本的成本核算方式，被称作总成本核算法】

那么问题来了。冬季赢利暂且不说，夏季如果按1000日元一位顾客收费，那就会出现1300日元的亏损。虽说一家旅馆不能亏本经营，但住宿费若是超过2300日元，可能就不会有顾客来住了。如果你是这家旅馆的老板，看到这样的成本核算结果，会怎么办呢？

这个成本核算结果没有提供任何解决问题的思路和办法。你从这个成本核算结果中找不到问题解决的方案也很正常。

成本核算不应该是算出来就完事了。成本核算能帮助企业经营者解决问题，才有意义。传统的成本核算只知道算成本，不负责解决问题。不能解决问题的成本核算，比没有气泡的啤酒的存在价值还要低。

这家旅馆的老板根本没看上面那个傻乎乎的成本核算，

而是推出夏季特惠活动,将夏季旅馆住宿费降至每人每晚800日元。促销活动马上就收到了成效,一个月顾客人数增加到了80人。

让我们来计算一下这家旅馆不同情况下的盈亏情况。

a)每人每晚2300日元,顾客人数0人。

收入(0人) 0日元
支出
　　变动成本　　　　　0日元
　　固定成本　　　60000日元　　60000日元
盈亏　　　　　　　　　　　　△60000日元

(注:符号"△"代表亏损)

b)每人每晚1000日元,顾客人数30人。

收入
　　住宿费(30人)　30000日元　　30000日元
支出
　　变动成本(30人)　9000日元
　　固定成本　　　60000日元　　69000日元
盈亏　　　　　　　　　　　　△39000日元

c）每人每晚 800 日元，顾客人数 80 人。

收入

 住宿费（80 人） 64000 日元 64000 日元

支出

 变动成本（80 人） 24000 日元

 固定成本   60000 日元 84000 日元

盈亏   △20000 日元

如果稀里糊涂地根据会计的成本核算结果将住宿费上调至每人每晚 2300 日元，那就不会有顾客来订房，旅馆一个月将损失 60000 日元。如果不核算成本，不采取任何措施的话，则会出现 39000 日元的亏损。这么看来，倒不如不做成本核算，马马虎虎地经营旅馆更好一些。仅凭会计的成本核算结果，是无论如何也想不出 800 日元住宿费优惠活动的。但正是这个优惠活动可以将亏损减少到 20000 日元，而且能带来 50 名新顾客，这是无法用金钱计算的真实绩效。相较于完全没有顾客的情况，800 日元优惠活动可以增加 40000 日元的收入；相较于有 30 位顾客的情况，也增加了 19000 日元的收入。这才是经营之道。总成本核算与经营是两码事。你是不是也渐渐开始觉得"成本是成本，经营是经营"了呢？虽然各公司具体情况有所不同，但一般的公司常常会遇到与这家滑雪旅馆经营类似的成本核算问题。

在工作清闲的状态下预估新工作量的时候，如果全都依照总成本核算的公式进行核算，把固定成本分摊到产品上进行计算，就会导致成本金额陡增。会计师在解释成本的构成时，以不损害公司利益的名义，把报价做高，导致丢失订单，不知不觉中就造成了公司利益的巨大损失。"眼不见心不烦"大概指的就是这种情况吧。在"经营基础知识花牌"中，把红蜻蜓花牌上的蜻蜓换成了头顶赤字的地藏菩萨。

所谓企业经营，当然是要在不赚钱的时候尽量减少损失。但就像滑雪旅馆的例子一样，总成本核算并不能为减少损失提供任何参考。换言之，就是无法从总成本核算中得知如何增加收益。

虽然字面上写的是"总成本"，但实际上下的是"死亡诊断书"，其真实含义是"没有办法"。"死亡诊断书"没有任何用处，我们真正需要的是"健康诊断书"。

让人意外的是，旅馆老板可以从总成本核算中想到出人意料的800日元住宿费优惠活动，而这个决断减少了旅馆的损失。旅馆老板是如何想到这个主意的呢？是凭着经验和直觉想到的，还是误打误撞想出来的呢？虽然遵循"不畅销时就降价"的经济原则是没有错的，但为什么不是将住宿费降至900日元或者700日元呢？

实际上，800日元不是旅馆老板瞎蒙出来的，而是经过正确的成本核算后，在考虑了市场动向、顾客心理的基础上，充满自信地得出了800日元的结论。也就是说，滑雪旅馆老板进行了可以提前预估盈亏的成本核算，这就是我们追求的"健康诊断书"。

那么，旅馆老板做的"正确的成本核算"是什么？我将在第2章第8节"如何定价"中进行介绍。接下来，我将详细解释传统的成本核算到底错在了哪里。

1.3　不合理与合理

成本核算支持者大概会提出异议，认为类似滑雪旅馆的情况，应该将夏季过重的固定成本负担延后，平摊到全年，即应该按照下面的公式进行计算：

60000（日元）×2／［300（人）＋30（人）］＝120000/330＝364（日元／人）

这样一来，每年的平均固定成本就变成了每人364日元左右。那么，夏季的成本就变成了300（日元）＋364（日元）＝664（日元）。因此，夏季收1000日元的住宿费也完全没有问题。

成本核算支持者自信满满地表示，这是会计专家的成本核算，并小声补充道："但并不是说这种均摊操作适合于任何情况。"

因为空闲期的成本格外高，与卖价不匹配，所以需把成本均摊到全年，这样成本看上去就不会显得特别高。但是，无论如何，都会存在不合理的因素。所以不禁让人哀叹："如此之难事，汝的名字乃成本核算。"

虽然时不时会看到成本分摊理论，但是很难理解，为什么要强行将不合实际的成本与卖价联系到一起。这种成本核算不过是纸上谈兵的文字游戏，与经营实战存在天壤之别。所以，最好的办法是不予理睬。如果硬要辩出个是非曲直的话，要小心对方会摆出冠冕堂皇的数字进行攻击。

我想大家应该明白了成本分摊理论不能解决任何问题。但是，如果因为"成本均摊化"，认为夏季并没有出现亏损，那旅馆老板怎么又会想出增加夏季收入的方法呢？

我们可以先根据这个成本分摊理论，计算一下夏季的盈亏情况。

如下所示，可以看到，竟然出现了1000日元的赢利。但是，实际情况是亏损了39000日元。由此可见，成本分摊理论根本就是一个脱离实际的空论。

收入（销售额）
  住宿费（30人） 30000日元 30000日元
支出（销售成本）
    664日元×30＝19920日元 19920日元
―――――――――――――――――――――――――――
  盈亏   10080日元

下面再以棒球比赛为例来说明一下。

假设 A 队和 B 队的比赛结果如下：

队名　1 2 3 4 5 6 7 8 9　　总得分
A 队　0 0 1 0 0 0 0 0 0　　1
B 队　0 0 0 3 1 0 5 0 0　　9

如果按照成本分摊理论来分析，因为 9 局比赛的得分有波动，就把总得分均摊给 9 局比赛，那么 A 队每局得分将变成 1/9 分，B 队则是每局 1 分。这样一来，两支队伍前三局的比分就变成了 1/3:3，B 队领先。如按照成本分摊理论来看比赛，会让人觉得不可理喻。

但是，在成本核算的世界里，这种想法却是大行其道的，人们毫无办法。棒球比赛的例子倒是可以当笑话听听，但如果用成本分摊理论去处理病人的体温监测表，后果将不堪设想。

体温监测表用于记录体温的变化。病情恶化时，体温不仅高且波动很大。病人伴随治疗，体温会随之降低至正常数值，并逐渐稳定下来。

假设用成本分摊理论均摊一天或者一周的体温数值，

那会出现什么情况呢?届时,无论是多么厉害的名医,都将难以查明病症,无法给出恰当的治疗方案。甚至有时候可能导致病人死亡。

企业经营也是一样。只顾均摊固定成本,调整经营的"体温"(盈亏),是不可取的。这种做法不仅不能引导企业走上正确的经营道路,有时候甚至会导致企业倒闭。

以病人的体温监测表为例,到底应该以天为单位来均摊体温数值,还是以周为单位来均摊体温数值,又或是均摊整个疗程的体温数值?

1.4　淘汰低收益鸡

鸡的一生非常不幸。

母鸡只能在狭窄的笼子里不停地为人类下蛋。一旦下蛋数量不达标，母鸡还会被卖到肉鸡厂里杀掉。

但是从养鸡场的角度来看，如果不淘汰掉下蛋数量少的低收益鸡，养鸡场就无法维持经营，所以只能牺牲低收益鸡的性命。企业经营也是一样的。企业当然要终止收益低的业务，加大力度开展收益高的业务。为此，一般就需要进行成本核算。但不幸的是，恰恰是这个成本核算的方法存在问题。请看下面的例子。

一家拥有自主研发产品的公司毫不例外地引发了与对手公司的竞争。

在该公司的产品中，A、B 两大产品为主打产品，其他产品的销量不稳定且销售额少。A 产品和 B 产品有些类似，生产流程基本一致，只是原材料有所不同。

公司老板觉得，为了提高业绩，不能只顾竞争，而应该淘汰掉利润低的产品，将主要力量投入到利润高的产品上，进行积极的生产销售。虽然因为考虑到与老客户的关系，公司老板曾一度犹豫不决，但最后还是下定决心，实施自己的想法，清理了公司的产品类目，也就是"淘汰低收益鸡"。

老板命令会计科长整理成本材料，会计科长很快就提交了损益报表。详见表1（为了方便说明，对数字进行了极简化处理）。

表 1　X 月损益表

产品	价格	生产成本	一般管理费和销售费用	单位总销售成本	单位利润	生产销售量	总利润
	A	B	C	D=B+C	E=A−D	F	G=E×F
A	100日元	84日元	7日元	91日元	9日元	10台	90日元
B	160日元	144日元	12日元	156日元	4日元	10台	40日元
总计							130日元

每台产品生产成本构成　　　　　　　　单位：日元

产品	生产变动成本	生产固定成本	总计
A	70	14	84
B	120	24	144

紧接着，公司召开了管理层会议，以损益表为中心，从各个角度进行了问题研讨。

最后，大家一致决定保留 A 产品。

因为 A 产品的利润更高，大家对此自然没有异议，而且沿用现有的设备、员工，每个月可以生产 20 台。

会上还制定了了解老客户的工作方案，于是得到了表 2 的生产销售计划。该计划获得了与会全体人员的一致认可，将在会后 6 个月内完成全部准备，进入正式实施阶段。

因为计划周详、员工努力，所以产品的生产和销售都转换得很顺利。老板觉得公司的业绩肯定会再上一层楼，接下来只需要坐等会计科长的汇报即可。

在全公司上下的期盼中，新的损益报表出炉了。但是，看到计算报表（见表 3）后，整个管理层都大吃一惊：利润不仅没有增加，反而大幅减少了。这是因为什么呢？（请仔细比较表 2 和表 3）

表 2 生产销售计划表

区别	产品	价格	总原价	单位利润	生产销售量	总利润
X 月实际业绩	A	100 日元	91 日元	9 日元	10 台	90 日元
	B	160 日元	156 日元	4 日元	10 台	40 日元
	总计					130 日元
新计划	A	100 日元	91 日元	9 日元	20 台	180 日元

表 3　A 产品损益表

产品	价格	生产成本	一般管理费和销售费用	单位总销售成本	单位利润	生产销售量	总利润
A	100 日元	89 日元	9.5 日元	98.5 日元	1.5 日元	20 台	30 日元

每台产品生产成本构成　　　　　　单位：日元

产品	生产变动成本	生产固定成本	总计
A	70	19	89

经过仔细对比，可以看到，总成本增加了 7.5 日元。其中，生产成本增加了 5 日元，一般管理费和销售费用增加了 2.5 日元。

生产成本增加的原因在于全部的生产固定成本增加了。

公司马上展开了调查，却没有发现任何导致生产成本增加或减少的原因。材料单价、外包费用是固定不变的，残次品数量没有增加，没有延长工时，一般管理费和销售费用也没有增加或减少。即便如此，成本还是增加了。问题到底出在哪里了呢？

请大家回忆一下本章标题——"企业经营的噩梦"。用这个题目来描述该公司的成本问题再恰当不过了。当然，这个问题既不是计算方法错误导致的，也不是计算错误导致的，而是因为遵循了会计原理，准确完成了计算，才出现了问题。

全公司的人都百思不得其解。此时，一位管理层人士提出了疑问："如果只生产会赢利的 A 产品，A 产品的赢利反倒减少了，那只生产 20 台不会赢利的 B 产品，会出现什么样的结果呢？要不咱们试着演算一下。"

一些人也赞同了这个提议，于是公司就命令会计科尽快计算出只生产 20 台 B 产品时的盈亏情况。

B 产品的价格和生产变动成本采用了表 1 的数据，其他的费用数据则采用了表 3 里面的数据，演算得出来的结果请看表 4。

只生产不赢利的 B 产品时，不仅利润大幅增加，生产成本也降低了。可是，明明已经确定了不存在导致生产成本降低的原因，生产成本怎么会降低了呢？这个演算结果真是太出人意料了。

看到这样一个匪夷所思的结果后，全公司上下已经不只是做噩梦这么简单了，而是陷入了彻底的迷茫，完全不知道应该相信哪个数据。噩梦变成现实，大家都患上了成本神经衰弱症。

到底应该如何解答这个谜题呢？让我们暂时放下表 2，

先比较一下表1、表3和表4（见表5）。

你发现异常了吗？价格、生产变动成本、生产固定成本的总金额，与一般管理费和销售费用的总金额都没有变化，变化了的只有两类费用——每台产品的生产固定成本与一般管理费和销售费用。这两类费用被算入了公司经营的总金额中。虽然不是每台产品产生的金额，但在计算总成本时，会平均摊到每台产品的生产成本费用计算中。也就是说，平均方法依照的是"直接费用的比例"等某种冠冕堂皇的理由。正如上述公司的例子所示，严格遵循该原则计算出来的结果会让实际没有变化的成本显得仿佛发生了变化一样，谜团和玄机的真面目是"间接费用的平摊"，即总成本核算原则。

回到表2。这到底是怎么一回事呢？其实，这是因为公司的新生产计划只注意到了X月的实际绩效"A产品的单位成本"部分。换句话说，错就错在只计算了这个单位成本。如果用这种只计算单位成本（总成本）的思维方式去思考所有问题，会引发严重的问题。

读到这里，你大概明白了，只计算A产品单位成本的部分是错误的。但实际上这种算法是业界普遍情况。因为，原则上，本来就是按照单位成本来思考总成本的。

如果这家公司实行正确的成本核算，那就不仅仅是只生产 B 产品比只生产 A 产品更赚钱，还能提前明确预估利润的具体增加金额。详细说明请参看第 2 章第 3 节"如何比较利润"。

表 4　B 产品损益表

产品	价格	生产成本	一般管理费和销售费用	单位总销售成本	单位利润	生产销售量	总利润
B	160 日元	139 日元	9.5 日元	148.5 日元	11.5 日元	20 台	230 日元

每台产品生产成本构成　　　　　　　单位：日元

产品	生产变动成本	生产固定成本	总计
B	120	19	139

表 5　成本对比表

项目		表 1	表 3	表 4
A 产品	价格 生产变动成本	100 日元 70 日元	100 日元 70 日元	—— ——
B 产品	价格 生产变动成本	160 日元 120 日元	—— ——	160 日元 120 日元

（续表）

项目	表1	表3	表4
生产固定成本总金额	A＝14日元×10＝140日元 B＝24日元×10＝240日元 合计380日元	A＝19日元×20＝380日元	B＝19日元×20＝380日元
一般管理费和销售费用的总金额	A＝7日元×10＝70日元 B＝12日元×10＝120日元 合计190日元	A＝9.5日元×20＝190日元	B＝9.5日元×20＝190日元

1.5 儿子的低工资

上一节主要讨论了产品调整，本节将探讨新业务的开展。

假设有一家名叫"S"的中小企业。S公司主要承担母公司某大企业的外包业务。母公司建立了新厂，原来分给S公司的订单有一半以上被派给了新厂。S公司现在只负责生产A产品，导致S公司有大量员工面临失业。

表6　S公司损益表

产品	价格	生产成本	一般管理费和销售费用	单位总销售成本	单位利润	生产销售量	总利润
A	120日元	82日元	48日元	130日元	△10日元	10台	△100日元

每台产品生产成本构成　　单位：日元

产品	生产变动成本	生产固定成本	总计
A	72	10	82

此时，S公司的损益表（如表6所示）显示公司财务是亏损状态。其中，格外引人注目的是，一般管理费和销售费用的比例非常高。如果不进行调整，公司将破产。因此，必须赶紧让游手好闲的"儿子"（即设备和员工）工作起来，帮助公司摆脱困境。于是，S公司拼命寻找新的商机。四处奔走的努力终于有了好结果，S公司拓展出了新业务，我们暂且称之为"B产品"。

针对B产品，S公司迅速开展了各种调研。结论是，公司现有设备和员工完全能够满足B产品的生产和销售。但是，会计科长提交了损益表（见表7）后，与会人员全都大失所望。好不容易发掘出来的新产品却难以为公司带来赢利。因为维持现状就已经出现赤字负债了，公司无法再承受更多的亏损，所以只好忍痛割爱放弃了B产品。"儿子的工资（价格）"太低，与付出不成正比，就只好不让他去工作了，S公司的处境变得越来越艰难了。

表7　B产品损益表

产品	价格	生产成本	一般管理费和销售费用	单位总销售成本	单位利润	生产销售量	总利润
B	45日元	35日元	14日元	49日元	△4日元	10台	△40日元

每台产品生产成本构成　　　　　单位：日元

产品	生产变动成本	生产固定成本	总计
B	32	3	35

表 8　同时生产 A、B 产品时的损益表

产品	价格	生产成本	一般管理费和销售费用	单位总销售成本	单位利润	生产销售量	总利润
A	120 日元	79 日元	34 日元	113 日元	7 日元	10 台	70 日元
B	45 日元	35 日元	14 日元	49 日元	△4 日元	10 台	△40 日元
合计							30 日元

每台产品生产成本构成　　　　　单位：日元

产品	生产变动成本	生产固定成本	总计
A	72	7	79
B	32	3	35

可是，生产 B 产品真的会导致 S 公司亏损增加吗？我认为有必要重新进行审视。表 8 展示了同时生产 A 产品和 B 产品时的盈亏情况。可以看到，S 公司的利润将增加 30 日元，公司可以实现扭亏为盈。到底是哪个地方的计算偏差使得明明会导致亏损的 B 产品变成了赢利产品呢？

请大家看表 9。表 9 展示了只生产 A 产品与同时生产 A、B 产品时，生产固定成本与一般管理费、销售费用，即固定成本的比例。

表9　S公司的固定成本比例表

区别		单位平均			生产销售数量	固定成本总金额
		生产固定成本	一般管理费和销售费用	合计		
只生产A产品		10日元	48日元	58日元	10台	580日元
同时生产A、B产品	A	7日元	34日元	41日元	10台	410日元
	B	3日元	14日元	17日元	10台	170日元
	合计	10日元	48日元	58日元	20台	580日元

只生产A产品与同时生产A、B产品时，固定成本的总金额都是580日元。也就是说，无论生不生产B产品，固定成本都是一样的。如果只生产B产品，S公司就会亏损。但是如果同时生产A、B产品，固定成本就会均摊到两个产品上，这就会使得A产品的利润大幅度提高，也就掩盖掉了B产品的亏损问题。

通过这个例子，我们可以清楚地知道，一个可以扭亏为盈的产品是如何被误解为会导致亏损增加的。固定成本的摊派存在于所有成本核算模型中（表7的损益表数据来自表8中B产品的数据）。这种计算方式才是威胁企业生存的元凶。人数众多的"完全成本法"信徒到处宣称这个凶器是利器，许多不知情的企业经营者也信以为真，最后都落得伤痕累累。但是，如果信徒们都笃定这种成本核算方式是正确的，那我也没有办法。

他们说："因为只看 B 产品一个产品，所以会变成这样。如果计算出所有产品的成本，那就可以清楚地知道完全成本是多少。"

这话听上去倒也在理。但是，为了方便说明，在举 S 公司的例子时，我对数值都进行了极简化处理，所以上面这句话才成立。而实际上，公司产品的种类众多，固定成本存在浮动，通过烦琐的计算方式来计算经费，根据复杂奇怪的分配标准来平摊费用，导致计算所有产品的成本需要耗费大量的时间和人力。公司经营出现问题时，不可能这样一点一点地慢慢计算。此时，如果按照原来的比率去计算目标产品单独的固定成本比例，将会得到难以置信的结果。

假设 S 公司当时知道正确的成本核算方法，就可以预估公司通过生产 B 产品，也能够实现扭亏为盈。而且，正确的成本核算方法非常简便，谁都可以在短时间内完成计算。详细的计算方法请参见第 2 章第 4 节 "如何判断亏本"。

1.6　如果穿别人的兜裆布去参加相扑比赛

我们经常听到有人说业务外包更便宜,这是真的吗?

认为业务外包更便宜的理由主要是,自家员工的工资基数比外包工厂员工的工资基数高。此外,还有很多辅助员工的工资和各种经费开销。直接员工的工资会达到外包工厂员工工资的两倍左右。所以,根本不可能按照其他工厂那样的低生产成本标准来生产。

之所以会有这种认知,是因为他们深受完全成本法的毒害。

如果没有进行正确的成本核算,就无从得知业务外包究竟是便宜了还是昂贵了。

接下来,我将通过举例来进行说明。

假设有一家量产工厂,最近产量增加,开始出现外包零部件供不应求的征兆。因为外包的零部件是重要部件,所以如果可能的话,哪怕是增加设备和员工,也最好能将外包业务转为自主生产。但是,转为自产就会导致成本增加。最后,工厂决定还是先强化外包工厂。让我们来看一下此时该工厂的成本核算情况。

○自主生产的单位成本

原材料费　　　　　　　50 日元

生产固定成本　　　　　 8 日元

一般管理费、销售费用　18 日元

合计：76 日元

【注】

1. 月产量为 10000 个。

2. 生产固定成本中包含 5 日元的新增费用，用于聘请新员工等。

3. 一般管理费、销售费用包括为转自产专门购置的新设备的固定成本，每个月 40000 日元。

○外包工厂的报价

原材料费　　　　　　　51 日元

生产固定成本　　　　　 5 日元

一般管理费、销售费用　 9 日元

利润　　　　　　　　　 4 日元

合计　　　　　　　　　69 日元

可以看到，在原材料费用方面，自产比外包更便宜；除此之外的费用都是外包比自产更便宜。这似乎没有什么好争论的，但前提是这个成本核算是正确的。

实际上，自产比外包每个月多节省了 10 万日元。那这次成本核算又是在什么地方出现了计算偏差呢？这个答案请前往第 2 章第 5 节"提高还是压低外包费"去寻找。

1.7　徒劳无益

生产销售分为两种情况：一种是直接销售半成品；另一种是将半成品加工后再出售。比如，纺织厂将产品加工成纺织品，炼油厂提炼原油，机械厂加工铸件或者锻件去售卖，冲压厂对产品进行电镀或者喷漆。企业经营者们都非常想知道，二次加工会不会增加产品利润。如果二次加工不能增加产品利润，那还不如不做。

此时就需要进行成本核算了。但是，如果按照完全成本法进行计算，可能会非常麻烦。

比如，现在有一家公司在生产半成品 A。如果进一步生产将 A 作为原材料的产品 B，成本核算表就是表 10 所呈现的样子。直接售卖半成品 A 可以获得 40 日元的利润，将半成品 A 加工成产品 B 售卖，可以获得 30 日元的利润。公司老板看完之后大概觉得，将 A 产品加工成 B 产品是徒劳无益的，不如放弃生产 B 产品。

表10　A、B两个产品的成本核算表　　单位：日元

产品	价格	变动成本 原材料费	变动成本 加工比例费	固定成本	销售成本	利润
A	200	100	20	40	160	40
B	300	160	60	50	270	30

但是，事实并非如此。实际上，生产B产品更有利。成本核算在这里再一次出错了。我想读者们肯定已经猜到是哪里弄错了。没错，就是固定成本的摊派问题。那么事实真相到底如何呢？请移步第2章第6节"提高产品的加工程度会怎样"一探究竟。

1.8　如意算盘

"MAPI 方式"[①] 被称为"设备更新制度"。随着技术革新速度加快、生存竞争愈发激烈，企业经营变得越来越艰难。为了使企业能够乘风破浪、排除险阻，购置新设备、添加或更新原有设备，被认为是有效的措施。购置设备需要大额投资。这种投资是否值得是所有企业经营者需要思考的重大问题。

MAPI 方式可以用来帮助思考，但如果使用方式不当，则可能导致严重的后果。一知半解，必吃大亏。

用 MAPI 方式可以计算出，需要多长时间才能将包括购置设备的资金、维护设备的资金、设备的折旧费、利息、设备老化、设备落后等所有费用成本，通过新设备所带来的新增利润收回。如果用公式来表达的话，如下所示：

回本年（月）＝投资金额/年（月）增加利润－维护

---

① 取自美国机械工业协会（Machinery and Allied Product Institute）的英文首字母。

设备的所有费用

不过，公式中的"年（月）增加利润"是一个伪命题。下面我将介绍一个真实的案例。

这家公司也毫无例外地想要拼命降低生产成本。为此，有人提出购置新设备。当时，正好生产技术科里有员工参加了MAPI的培训。公司马上命令该员工调查购置新设备的可行性。这名员工没想到刚学到的新知识可以这么快就获得实践的机会，于是满怀激情地开始了调查，不久后就提交了报告书。请见表11（为了方便说明，对报告书的项目、数据进行了简化。除了表11所示内容之外，还有各种因素，特别是利息问题，因为很复杂，所以这些就都省略掉了。读者如有需要，可以查看相关方面的专业书籍）。

通过表11可以看到，仅需14个月，公司就可以收回投资资金，此后每个月还将新增80000日元的利润。这么好的事情果真可以顺利进行吗？实际情况并没有如此乐观。该公司最后花费了数倍于14个月的时间才收回全部投资。

出现如此差异的原因是，该员工利用工资率来增加利润。所谓工资率，是指将所有固定成本摊派到直接员工的单位时间的劳动价格上。

关于这一点，我将在第2章第7节"投资新设备的收益如何"中进行详细说明，此处只简单介绍一下。

在固定成本中，无论是场地租金还是司机的工资，这些费用都被纳入了工资率的计算中。缩短加工时间并不会导致这些费用的减少。因此，虽说购置新设备节省了加工时间，但是直接用工资率除以缩短的时间，会让人误以为得到了节省出来的金额。只有实际减少的费用才是缩短加工时间能够节省出来的金额。

而且，出现这种计算错误的根本原因是，固定成本的加工时间分配问题。

表 11　MAPI 计算报表（单位：月）

① 投入资金
　　设备购入费用　100 万日元
　　设备装配费用　10 万日元
　　合计　　　　　110 万日元
② 新增利润
　　每个产品节约的加工时间　8 分钟
　　每个产品节约的工钱　6 日元（薪资率）×8 分钟＝48 日元
　　每个月节约的工钱（按每月生产 2000 台计算）　48 日元 ×2000＝96000 日元
③ 每个月设备维护费总计　16000 日元
④ 投资回本（月）
　　④＝①／（②－③）＝110 万日元／96000 日元－16000 日元＝13.75

1.9 亏本的盈余决算

表 12 是某公司 X 月和 Y 月的损益表。这家公司的产品售价是 1 台产品 25000 日元。生产该产品所需的变动成本是每台产品 10000 日元，固定成本是每个月 120 万日元。

表 12　每月损益表

产品售价（1 台）2.5 万日元
变动成本（1 台）1.0 万日元
固定成本（1 个月）120 万日元

	X 月	Y 月
销售额	（40 台）　100 万日元	（140 台）350 万日元
销售成本		
积压库存量	（0 台）　　0 日元	（60 台）　132 万日元
生产总成本	（100 台）220 万日元	（80 台）　200 万日元
合计	220 万日元	332 万日元
月底库存量	（60 台）　132 万日元　88 万日元	（0 台）　　0 日元
销售利润	12 万日元	18 万日元
单位成本	变动成本　固定成本 1 万日元＋120 万日元 /100（台） ＝2.2 万日元	变动成本　固定成本 1 万日元＋120 万日元 /80＝2.5 万日元

【注】

1. 销售额－销售成本＝销售利润

2. 销售成本＝积压库存金额＋生产总成本－月底库存金额

3. 生产总成本＝单位成本 × 产量

4. 单位成本＝单位变动成本＋固定成本/产量

从计算报表数据可以看出，X月，公司生产了100台产品，卖出了40台；Y月，生产了80台产品，加上上个月积压的60台产品，总共卖出140台产品。虽然这份计算报表是严格按照"会计准则"计算出来的，但让人难以置信。

固定成本每月需要120万日元。也就是说，每个月公司都有120万日元的费用支出。然而，因为X月的销售额只有100万日元，所以进行单纯的加减计算，就应该有20万日元的亏损，计算报表却显示X月赢利了12万日元。会计师们的计算结果，着实让我们这些门外汉无法理解。

明明年底结算时实际账户里是亏钱的，账面上却显示是赢利状态。再来看Y月的情况。Y月的销售量是X

月的 3.5 倍，明明应该赚了很多钱，报表上却显示只有 18 万日元的赢利。这些计算结果实在让人觉得不可思议。

我想，肯定有读者在看了月结财务决算报告后会与我有同样的感觉。但如果带着这个疑惑去问会计师，会计师肯定会说这个报表没有问题。的确，这个报表是按照会计准则来进行计算的，任谁来算都是同样结果。那么问题就变成了会计准则是否存在问题。没错，就是会计准则本身出错了。

简而言之，实际真相是，虽然两个月的利润共计 30 万日元没有错，但是单月盈亏金额是 X 月亏损了 60 万日元、Y 月赢利了 90 万日元。关于这个问题的详细解说，请参见第 2 章第 10 节 "为何要把握短期盈亏"。另外，请大家看一下下面的计算。计算的条件与前面的公司一样。当然，下面的计算纯属虚构，但是因为计算时所遵循的会计准则是一样的，所以如果虚构的报表看着奇怪，那意味着相同的真实报表也是有问题的。

X 月生产了 100 台产品，卖出 50 台；Y 月生产了 60 台产品，加上 X 月积压的 50 台产品，总共卖出 110 台产品。此时，月损益表如表 13 所示。

表 13　X 月、Y 月各月损益表

	X 月	Y 月
销售量 销售成本 积压库存量 生产总成本 合计 月底库存量 销售利润	（50 台）　125 万日元 （0 台）　　 0 日元 （100 台）220 万日元 　　　　　220 万日元 （50 台）　110 万日元 　　　　　110 万日元 　　　　　 15 万日元	（110 台）275 万日元 （50 台）　110 万日元 （60 台）　180 万日元 　　　　　290 万日元 （0 台）　　 0 日元 　　　　　290 万日元 　　　　　△15 万日元
单位成本	变动成本　固定成本 1 万日元＋120 万日元/100 ＝2.2 万日元	变动成本　固定成本 1 万日元＋120 万日元/60 ＝3 万日元

虽然报表上写的是 X 月赢利 15 万日元、Y 月亏损 15 万日元，实际却是 X 月亏损 45 万日元、Y 月赢利 45 万日元。尽管计算结果和实际情况两者最终都是不赚不亏，具体的盈亏情况却大相径庭。亏损月份变成赢利月份，赢利月份变成亏损月份。这份损益表实在令人感到害怕。实际上，这么可怕的损益计算方法是很多公司正在使用的计算方法。这是一个我们必须多加注意的问题。

再多说一句，大家可以设想一下极端情况。我们还是用前面的公司来打比方。

X 月生产 100 台产品，零销售量；Y 月生产 100 台，零销售量；Z月生产100台，卖出1台。那么损益结果会变成什么样子呢？请看按照会计准则计算出来的表14。大家看了表14后，有什么感想呢？

表14　X月、Y月、Z月各月损益表

	X月	Y月	Z月
销售量	（0台）0日元	（0台）0日元	（1台）2.5日元
销售成本			
积压库存量	（0台）0日元	（100台）220万日元	（200台）440万日元
生产总成本	（100台）220万日元	（100台）220万日元	（100台）220万日元
合计	220万日元	440万日元	660万日元
月底库存量	（100台）220	（200台）440	（299台）657.8万日元
销售利润			2.2万日元 0.3万日元
单位成本	变动成本　固定成本 1万日元+120万日元/ 100=2.2万日元	同X月	同X月

即使像X月和Y月那样，只要生产产品，即使连1台产品都没有卖出去，收支也是平衡的。无论这种情况持续多少个月、多少年，在损益上，收支都是平衡的。

再来看Z月。仅卖出去1台产品，当月就实现了赢利。三个月的盈亏总计是赢利0.3万日元。我想无须赘言，大家也明白这就是"亏本的盈余决算"。而其中缘由就是固定成本的摊派问题。

这种根据完全成本法做出来的损益表会呈现出与实际情况截然相反的结果。这种报表是断不可能助益企业经营管理的。

1.10　一、八、十、木、木

有一天，老爷命令识字不多的下人将一封信寄给一个叫"平林"的人。下人在寄信途中忘记了"平林"的读音"hi ra ba ya shi"。他把信上的收件人名字拿给路过的人看，问路人"平林"的读音。路人告诉下人读"ta i ra ba ya shi"。但是，下人隐约感觉这个读音跟老爷说的读音不太一样，于是又找了一位路人问读音，这次被告知读"hi ra rin"。下人觉得还是有点奇怪，于是又找了一位路人问读音，这位路人回答说是"i chi ha chi jyuu no mo ku mo ku"[1]，下人越问越糊涂。最后问的一位路人回答说，"平林"的读音是"hi to tsu ya ttsu to kki kki"[2]，下人不知道，他问到的这么多种读音到底哪个才是正确的读音，只能一边

---

[1] 这个读音对应"一、八、十、木、木"，即将"平林"二字拆成了"一""八""十""木""木"五个字来读。——译者注
[2] 同样也是把"平林"二字拆成了"一""八""十""木""木"五个字来读，只是读法不同。——译者注

重复所有从路人口中问到的读音，一边去寄信。

——摘自落语《平林》

我想，很多日本读者都听说过这个笑话。这个笑话一针见血地指出了完全成本法的问题所在。明明正常按照"平林"的普通读法来读即可，有些人却化简为繁，甚至还想出了把"平林"二字拆成一、八、十、木、木来读，反倒把问题搞复杂了。计算成本时，明明直接计算固定成本即可，有的人却根据深奥的会计理论知识，把固定成本拆开、摊派、分配，然后算来算去，最终导致计算结果变得莫名其妙。

落语的笑话可以一笑了之，但企业的经营就不能开玩笑了。如果成本核算不能帮助经营者们弄清楚企业的真实情况，那成本核算就会误导企业经营者的经营决策。对企业经营而言，完全成本法是有百害而无一益的。

专家们也隐约或者大致察觉到了完全成本法存在的问题。但令人感到悲哀的是，专家们并没有发现问题出在固定成本的摊派上，而是固执地认为，摊派方法有问题。于是，这个问题变得越来越复杂了。

无论专家们如何尝试，问题都没有得到解决。于是，专家们感叹道，"没有比成本核算更难的事了""没有比成本核算更深奥的研究了"。我不知道是什么地方深奥，我只知道他们完全弄错了方向，把原本简单的问题搞得越来越复杂了。

专家们的所作所为，基本上都是纸上谈兵，而且只相当于小学生的加减乘除那种水平。若是把夹带着三四个罗马字的方程式拿给他们看，他们说不定早就逃之夭夭了。说到底，专家们不过是精通对企业实际经营而言毫无意义的会计学理论，而对真实的企业经营，其实一无所知。

在我的熟人圈里，有一个非常努力的人。他小时候因为战争没有上过学，年纪大了以后不耻下问，与年轻人一起上夜校求学。他说："会计管理的讲义中，有各种各样的理论学说，好像没有一个定论。数学也是研究数字的，虽然有不同的算法，但最后都会得到同一个答案。特别是计算成本时，不同的算法得到的结果全都不一样。普通人根本看不懂到底哪个结果才是正确的。"

普通人的这个朴素疑问，反映出了会计学学者们那种无用却艰辛的努力。无论他们如何研究数字，只要没有抛弃摊派的观念，那他们就永远无法得到正确的答案。

1.11　会计概念的改革

截至目前，我们已经探讨了很多问题了。在此，我想先引用"现代管理学之父"彼得·德鲁克的话，当作本节的结论。可能文字有点艰涩，但非常重要，而且与本书接下来要讨论的内容关系密切，所以特地在此引用一下。

企业经营者们将提高生产率视为第一要务，比华尔街的证券交易员更看重生产率。但是，提高生产率说着简单，却是经营者的工作中最难的。因为，生产率建立在各种因素相互制衡的基础上，而且在这些因素中，几乎没有一个是可以被简单定义、准确测定的。我们现在仍然没有找到检测生产率的必要标准。找到定义生产率所必需的基础概念——经济学者称之为"贡献价值"——也只是三年前的事情。

所谓贡献价值，是指企业销售商品或者服务所得到的总收入与从外部购买原材料或服务的总投入之间的差额。换言之，贡献价值就是企业付出的所有生产成本与所有报酬收入总和之间的差额。一方面，贡献价值显示出了产品中最终到底包含了多少企业资源；另一方面，贡献价值又表明了市场对企业的劳动到底给出了什么样的评价。贡献价值不能解决所有问题。只有当经费得到合理分配的时候，贡献价值才能有助于分析生产率。<u>这就意味着，会计师必须下定决心改革沿用至今的传统概念、计算公式和方式方法。以前，我们通过直接费用的比例来分配间接费用，但这种方式不可能做到符合实际的成本分析，必须予以废止。</u>

——节选自《现代企业经营》（日文版，自由国民社）
【注：文中下划线为一仓定所加】

读完这段文字后，你有何感想呢？我之前所说的那些话，实际上是在阐释德鲁克的这段话。值得庆幸的是，最近有很多企业已经注意到了完全成本法存在的问题（不过，外部报告另当别论）。

在不远的将来，传统的会计方法大概会同大量的研究论文、学者们呕心沥血撰写的著作等一起，变成无用之物，成为经营学的过去。

1.12　企业的任务是提高生产效率

能够替代传统会计方式的新思考方式是什么呢？那就是德鲁克所说的生产率基础概念"贡献价值"。"贡献价值"的思维方式其实也是本书的核心。

让我们重新思考上一节引用中提到的"贡献价值"的定义。如果用公式来表述就是：

总销售额－总投入额＝贡献价值

由此可见，贡献价值指的就是产值。这样一来，

总销售额／总投入额＝生产率（指数）

于是，我们就得到了这样一个概念，这也是德鲁克所说的定义生产率时必须要有的一个基础概念。

产值－劳动投入额＝劳动产值

产值（贡献价值）／劳动量＝劳动生产率（指数）

关于贡献价值的概念，把握投入与产出的关系，提高

生产率，也即扩大投入与产出的差距，才是企业的第一要务，而非提高利润。传统的会计方法只关注投入的计算，完全不考虑投入与产出的关系。因此，也有人说，传统的会计方法在本质上是单式簿记。

有了贡献价值这把尺子，我们可以做什么，又应该做什么呢？让我们再来看看德鲁克的观点。下面引用的文字是上一节引文的后续部分。

我们也没有深入思考过资产折旧的意义。也就是说，征收资产使用费、测算设备折旧费、规划设备更新费，等等。从实践中总结出来的比例折旧法也让人难以信服。一言以蔽之，<u>我们在处理会计数据时，应该优先考虑业务经营的必要性，而不是税务部门、银行、投资者</u>。业务的各种功能的平衡和从业务组织构造中产生的生产率，是不能通过贡献价值计算的。贡献价值完全是定量尺度，所以不适用于功能平衡、组织架构这类定性因素。而且，这些定性因素对于生产率而言最为重要。

正因为贡献价值受到上述因素的限制，所以合理的生产率分析和生产率目标的设定才得以成为可能。特别是，由于贡献价值，运筹学、信息论这些新的数学方法才被应用于生产率的有组织的研究中。这些新方法都可以预测出总共有多少种可行措施，以及各种措施将会带来的结果。生产率的问题就是要研究各种资源的不同组合方式，从中找到可以用最低成本、最少劳动得到最大效益的组合方式。弄清楚以后，我们才能开始解决关于生产率的各种基础问题。

如果机械设备在某天或者某个环节替代了人力，那么生产率就会随之提高吗？提高的极限和条件是什么？如何区别减少整体人力的间接费用和单纯增加投入的间接费用？如何才能最为有效地使用时间？什么情况下才能得到产品组合？如何才能得到最佳的流程组合？我们可以通过科学的方法找到上述问题的正确答案。可以说，只要是跟这些问题相关的，我们就再也不必去主观臆测了。

根据贡献价值的概念，我们应该就生产率设定以下目标：

（1）在现有流程下，提高贡献价值相对于总收入的比率。也就是说，必须首先找到最大限度利用已购入原材料或者服务的方法。

（2）加大作为利润保留下来的贡献价值的比例。这意味着要提高业务本身所拥有资源的生产率。

这些目标是传统会计概念里未曾设想过的问题，且各自有着不同的作用。我将在第 2 章里进行具体解说。

1.13　成本核算的目的

做事时如果忘记做事的缘由、目的，就有可能弄错前进的方向。所以，在讲成本核算之前，我们应该先弄清楚成本核算的目的是什么。

我因为工作性质，即使讨厌，也不得不接触成本核算，但我总是会与专业会计师发生争执，而且每次都败下阵来，想不通为什么会是这样。

由此，我深刻体会到，需要先全面了解一下成本核算到底是什么，于是便开始了学习。但是，在我翻看的书籍中，有好几本书都没有介绍成本核算的目的。也许，那些令人敬畏的权威人士觉得没有必要讨论成本核算的目的，所以才会犯错误。

我归纳总结了成本核算文献中有关成本核算目的的阐述，大致如下所示：

1. 为了获得用以定价、计算的必要资料
2. 为了获得提高经营效率的资料
3. 为了获得管理成本的必要资料

4. 为了获得制订利润计划的必要资料

5. 为了获得制订预算、统一管理的必要资料

6. 为了获得经营比较的必要资料

7. 为了获得制作各类财务报表的必要资料

差不多就是这些内容，偏技术性，而且泛泛而谈，每本书里都写了其中的四五条。这些书就犹如一个个贪婪的老婆婆，背着的竹篓里装的全是妖魔鬼怪，书中不时会冒出各种"牛鬼蛇神"来。这些"牛鬼蛇神"就是固定成本的摊派。

与书籍宣传语不同的是，这些书都只介绍了计算方法、记账方法之类的内容，本质上不过是会计实务操作指南而已。

如何控制成本、如何制订利润计划、如何提高效率，这些内容在书中只字未提。其实，并不是这些书的作者装作不知道，而是因为这些问题根本无法通过完全成本法得到解决，所以没法写。这些书简直为现代版的"挂羊头卖狗肉"。

时代早已不能接受跟着感觉走的半吊子经营。上一代粗放式的做法算不上经营。所有经营者都应该将先进的会

计方法应用到企业经营的发展和现代化上……

——摘录自某成本核算的书

这些话说得没错。但是，靠完全成本法能做什么呢？这些话不过是一些理论学者的空话罢了，他们根本没有体会过企业经营者的呕心沥血、殚精竭虑。

闲话就说到这里为止，我们还是回到正题上。

成本核算的真正目的是帮助企业经营者做经营决策。可以说，成本核算是企业经营的精髓。制订价格、是否生产、增产还是减产、产品组合、流程组合等，归根到底都是经营策略。如前所述，成本核算的目的不是技术性、表面性的事务，而是经营策略。成本控制、利润计划、预算统筹都是实现经营策略的手段，并不是经营策略本身。控制成本、制订利润计划，并不是经营策略。

笼统地把手段和目的混在一起思考，是想不出好点子的。

1.14 礼服和常服

我认为，在彻底弄清楚成本核算的目的之后，必须听从德鲁克的忠告，彻底抛弃完全成本法，执行正确的成本核算。

正如前面德鲁克所言："我们在处理会计数据时，应该将重点放在业务经营上，而不是为了税务部门、银行家、投资者去制作会计报表。"连德鲁克这种级别的人都把话说得这么直白，可见人们对完全成本法有多么迷信。就像德鲁克所说的一样，完全成本法宛如出席晚宴穿的礼服。一年就穿一两次的礼服是不适合日常上班穿的。用为一年只需要一两次的决算报告而准备的完全成本法来解决日常经营中的事务，从一开始就错了。

日常工作时，必须穿符合职业要求的职业装或者工作服。这个"常服"的名字就叫"直接成本法"（direct costing）。最近，直接成本法在适应不同工作场景的过程中演变出了很多新的形式。比如，OR（运筹学）、EE（工程经济）等就是最流行的直接成本法。为了区分，我们把礼服称作"财务会计",把常服称作"管理会计"。

在接下来的第 2 章,我们将了解"必须把重点放在业务经营上"的成本核算,即通过贡献价值进行的成本核算。

第 2 章 企业经营的领航

——直接成本核算

2.1　水与油

在上一章，我们因为完全成本法遭了多少罪，大家应该深有感触了。罪魁祸首就是固定成本的摊派。

知道问题出在哪里以后，事情就好办了，只要解决问题就行。也就是说，不要摊派固定成本，将其换成别的计算方法。但是，可能会有人质疑这么做不合理。他们认为，固定成本，既然是经营中必然产生的费用支出，如果不用产品来分摊，经营岂不就维持不下去了？如果因为没有摊派好就不分摊，那固定成本怎么办呢？

其实，仔细想来，关键在于"补偿支出费用"，而不是把费用摊派到产品上去。本来，固定成本就与生产、销售量没有关系，它不过是作为经营的总金额，在一定期间内产生的费用。将固定成本想象成房租，就应该很好理解了。

相比之下，变动成本（variable cost）是随着产量和销售量的增减而产生的费用。具体而言，包括直接材料费、外包费、辅材费、工具费、耗材费、电费、燃料费、打包费、运输费、销售手续费、票据贴现手续费等。①

虽然固定成本和变动成本都是成本，但固定成本与时间有关，与产量无关；而变动成本与时间无关，与产量有关。所以，两者在性质上是截然不同的。将两个完全不同的事物全部都采用摊派这一种算法来进行计算，才是问题的根本原因所在。

导体和绝缘体在导电性能上是完全不同的。不考虑导电性的差异，随便将导体和绝缘体组合到一起，电流可能不会通到预设的地方，反而会通向未曾设想的地方。这样一来，收音机、电视机就不可能正常运行。同理，虽然都是药物，但是把眼药和胃药都当作一种药，混在一起口服的话，谁也不知道会出现什么后果。虽然都是液体，但水和油（变动成本和固定成本）的性质是完全不一样的。

把油倒进水里，无论是否搅拌充分，只要是水和油在一起，那就既不能用来炸天妇罗②，也不能用来洗衣服。顶多能弄清楚水和油的总重量。倘若只是为了展示而非使用

---

① 目前一般将"比例成本"称为"变动成本"。
② 在日本料理中，将食材用面糊裹好后放入油锅炸制而成的食物统称为天妇罗。——译者注

（财务报告），那倒也不是什么大问题。

但是，如果我们既想用水也想用油，那把水和油混在一起就不行。

前几天，我偶然翻到了20年前工业学校的会计学教科书。看了后发现，它竟然跟最近出版发行的某权威书的内容几乎一样。这要是用德鲁克的话来说：

在最初的地基上，几乎没有任何上层建筑。从这点来看，即使我们质疑地基本身，是否也并非不妥当？

——节选自《现代企业经营》续篇

虽然这段话是在讨论人际关系，但也非常适合用来探讨完全成本。

如果一个理论学说在过去二十年间没有任何新发展，那无论怎么想，也只能认为它是已经死去的理论学说。我们当然不能用已经死去的成本核算方法来解决活着的经营问题。

正如我们弄清楚了水和油的性质差异后会区分使用水和油一样，我们必须使用活着的成本核算方法。这个活着的成本核算方法，即直接成本核算法，那它到底是什么呢？

2.2　直接成本核算法

直接成本核算法立足于最朴素（其实很先进）的理念之上。这种成本核算方法是，根据成本的性质差异，将成本分为变动成本和固定成本。变动成本按产品成本来计算盈亏，固定成本按期间成本来核算盈亏。

将成本一分为二，分成产品成本和期间成本，就是直接成本法的精髓所在。直接成本法到底好在哪里呢？接下来，我将向大家简单介绍一下直接成本法的基本理念。

用公式来表述完全成本法与直接成本法的损益方法的差别，如下所示：

完全成本核算法……销售额－销售成本（把固定成本摊派到变动成本上得出的金额）＝利润

直接成本核算法……销售额－销售成本（变动成本）－固定成本＝利润

直接成本法将减去了变动成本的销售额称为边际收益。

从边际收益中减去固定成本得到的就是纯利润。转换成公式就是：

边际收益＝销售额－变动成本＝固定成本＋纯利润

销售额
－）销售成本（变动成本）
―――――――――――――
边际收益……第一次利润
－）固定成本
―――――――――――――
纯利润……第二次利润

也就是说，边际收益是固定成本和利润的总和。如果固定成本高于边际收益，企业就会出现亏损。

各位读者可能听说过加工费、附加值（税法用语）、生产价值（拉克计划）[①]等词语，这些词语在本质上与边际收益的概念是一样的。德鲁克所说的贡献价值其实就是边际收益。

本书将主要使用"边际收益"（Marginal Income）一词。也有人创造出了"值差"一词，用以指代边际收益。

―――――――――

① 拉克计划采用一个价值增值方式来计算企业的劳动生产率。请参照第6章。

所谓值差，其实就是单位边际收益，只是文字更为简练。一件衬衫进货价是 80 日元，卖出价是 100 日元，那么单位边际收益就是 20 日元。这个时候，用"值差"一词，就比用"单位边际收益"表述更为简洁。

接下来，我们将通过简单的例题，来练习如何用直接成本法计算盈亏。

假设，有一家日式点心店。店铺每月租金为 20000 日元，各种费用开销共计每月 10000 日元。和果子的进货价为 7 日元一个，卖价为 10 日元一个。某月，点心店卖出了 30000 个和果子。请问，点心店当月的盈亏情况如何？为了方便计算，不考虑折损、赠送、剩余等情况。

因为进货是变动成本，房租和经费支出是固定成本，所以代入公式后计算结果如下：

损益表

卖价	@10 日元	30000 个	300000 日元
进货价	@7 日元	30000 个	210000 日元

边际收益	90000 日元
固定成本	30000 日元
纯利润	60000 日元

计算方法简单明了，没有成本分摊等操作。

一般而言，一个和果子的利润是3日元，买30000个的话就能赚90000日元，减去各项开支共计30000日元后，还剩60000日元的利润。这种算法就是直接成本法。

专家们似乎不喜欢这种谁都能看得懂的计算方法。为了维护权威，他们把成本核算弄得十分复杂，其目的就是让普通人看不懂。所以，一些人会一脸嘲讽地感叹，"最近直接成本法挺流行的啊！这种简单的方法是没脑子的人使用的东西，正统派人士对它不屑一顾"。

我还看见有的书上轻描淡写地说，为了成本管理，应该把零部件费用拆解为固定成本和变动成本。但是，对于如何利用固定成本和变动成本来完成管理，却只字未提。明明这才是问题的关键。这些书的作者毫无责任感可言。还有人不痛不痒地提出，有时候为了计算成本，需要把开支费用拆分为固定成本和变动成本。真是站着说话不腰疼啊！这会让看书的人丈二和尚摸不着头脑。也有强硬派认为，因为没有认识到间接费用的重要性，所以没有把间接费用算进成本里，这是倒退回了成本核算的初期阶段。直接成本法是低水平的原始算法，完全成本法才是最先进的算法。这就像以前的日本古代算术学者看了西洋数学的方程式、简洁的图表后，反而认为日本古代算术烦琐的算法更加先进。

完全成本法正在走的道路就是当年看着复杂、实则无物的日本古代算术走过的道路。

完全成本法根本不明白间接费用的重要性。让我们再来看看德鲁克的解说。

很多关于生产率的专业术语——特别是会计用语——早就已经不合时宜了。会计师所说的"生产劳动"——机械设备的看守者们的劳动，实际上是最不具有生产性的劳动。另一方面，所谓"非生产劳动"，将离开了机械设备的劳动者像大杂烩一样聚拢到一起。原以为其中只包括了低生产率的体力劳动者，其实还包括了设备维修工（负责组装、调试、维护机械设备的熟练技工）这样的高生产率的传统技工。而且，这里面还有诞生于现代工业的电力工人一类的技术工人，以及工长、技术人员、品控员等拥有一定知识储备和技能的人。

会计师使用的"间接费用"——这个词可能带有一定的贬义——不管三七二十一混在一起的费用中，不仅包括最具生产性的资源——经营管理者、企划者、设计者、技术革新者，也包括"吸血鬼"——组织不健全、缺乏士气、目标混乱等错误经营下产生的毫无用处的高级职员。协调员就是"吸血鬼"的一种。可以说，不得不设立协调员的公司在组织架构上肯定存在问题。

间接费用分为两种费用：一种是"生产间接费用"；另一种是"辅助间接费用"，或者也被称为"摩擦间接费用"。生产间接费用是经营管理者、技术人员、专家的劳务费。必须削减针对劳动（生产劳动和非生产劳动）或者资本费用的支出。辅助间接费用是对生产毫无帮助的费用，或者说是会拖生产率后腿的支出。无论如何，辅助间接费用是企业内部摩擦不和的产物，也可能是导致企业内部产生新摩擦的产物。

综上所述，在给生产率下定义时，我们必须充分注意下列事项：

1. 不把劳动作为唯一的生产活动
2. 将生产产品中包括的所有活动都纳入考虑范围之内
3. 弄清楚所有活动与其结果之间的关系

特别需要注意的是，要分清楚可以实际看到并直接量化的、以费用形式表现的劳动，和不能用费用形式表现的劳动。会计学中的"劳动"主要是指前面一种劳动。如果我们只考虑这一类劳动，那我们的生产率概念将变得极为偏颇。在对生产率拥有巨大影响的主要因素中，的确存在一些在会计学上绝对无法被量化的因素。

——节选自《现代企业经营》

正如德鲁克所言，我们必须认识到简单化间接费用的想法是大错特错、有害的。不分青红皂白地直接按照字面意义去理解间接费用，将间接费用分摊到产品上，只知道完成自己工作的会计师是不懂经营的。

接下来，我将结合第 1 章中提到的例子，来解说直接成本法，即通过分别计算产品成本和期间成本，正确了解情况、解决问题。

2.3 如何比较利润
——关于"淘汰低收益鸡"的说明

　　直接成本法将成本拆分为变动成本和固定成本。为了解说方便，在本章，我只将材料费和外包费认定为变动成本，将其他费用归为固定成本。在大多数情况下，材料费和外包费占据了变动成本的大部分。即使忽略其他变动成本，大体上也没有什么影响。

　　将"1.4 淘汰低收益鸡"中出现的表1（第18页）损益表，按变动成本和固定成本重新计算一次，得到表15。虽然这次计算把成本拆分为变动成本和固定成本，但计算方法依旧采用的是完全成本法，即本质上还是完全成本法，所以依旧会犯同样的错误。因此，只是在计算时把成本拆分成变动成本和固定成本是毫无意义的，必须将计算方法也变成直接成本法才行。

表 15　X 月损益表

产品	售价	变动成本	固定成本	总成本	单位利润	生产销售数量	总利润
A	100 日元	70 日元	21 日元	91 日元	9 日元	10 台	90 日元
B	160 日元	120 日元	36 日元	156 日元	4 日元	10 台	40 日元
合计							130 日元

用直接成本法制作损益表时，有一点必须强调。

我们首先再次确认一下固定成本的性质。固定成本与产量无关，它是作为经营的总金额在一定期间内产生的费用。因此，无论是只生产 A 产品，还是只生产 B 产品，又或是按某种比例同时生产 A 产品和 B 产品，固定成本都不会改变。所以，当公司需要决定是保留 A 产品还是 B 产品时，没有必要计算不会变动的固定成本。打个比方，假设我们要选择做衣服的布料，两匹布料的质量、价格都完全一样，只是颜色不一样，那我们只需要比较颜色，不需要再去考虑质量和价格。

同样的道理，我们只需要比较因为舍弃 A、B 两个产品中的某一个产品而产生变化的部分。

那么，这个变化的部分是什么呢？它就是售价和变动成本。

产品	售价	变动成本	值差	收益排名
A	100 日元	70 日元	30 日元	2
B	160 日元	120 日元	40 日元	1

计算后的结果如上所示。连小学生都能看出来，B 产品更具优势。10 日元的值差乘以 10 台的产量，就是 100 日元。选择生产 A 产品或者 B 产品，将导致原本的利润出现增减，变成 30 日元或者 230 日元。如果按照边际收益的方式去思考，事情就变得简单明了了。

如果这家公司原先采用直接成本法来计算，那表 1（第 18 页）的损益表就会变成表 16 的样子。无论是谁看到表 16 的计算结果，都能毫不犹豫地做出正确的经营决策。用直接成本法计算了只生产 A 产品或者 B 产品后得出的损益表，如表 17 和表 18 所示。

表 16　X 月损益表（直接成本法）　　单位：日元

产品	售价 A	变动成本 B	值差 C（A–B）	值差排名	销售数量 D
A	100	70	30	2	10
B	160	120	40	1	10
合计					

单位：日元

总边际收益	固定成本			纯利润
	生产固定成本	一般管理费和销售费用	合计	
E（C×D）	F	G	H（F+G）	I（E-H）
300 400				
700	380	190	570	130

表17 A产品损益表（直接成本法版表3）

产品	售价	变动成本	值差	销售数量	总边际收益	固定成本	总利润
A	100日元	70日元	30日元	20台	600日元	570日元	30日元

表18 B产品损益表（直接成本法版表4）

产品	售价	变动成本	值差	销售数量	总边际收益	固定成本	总利润
B	160日元	120日元	40日元	20台	800日元	570日元	230日元

必须注意的是，因为生产A产品和B产品所需要的工时是一样的，所以会变成现在这样。如果少生产10台B产品，就能生产20台A产品的话，那么：

产品	值差	数量	边际收益
A	30 日元	×20	＝600 日元
B	40 日元	×10	＝400 日元

如此一来，情况就变成放弃生产 B 产品对公司更为有利。如果少生产 10 台 B 产品的话，要多生产多少台 A 产品才是有利的呢？

生产 10 台 B 产品的边际收益是 40 日元 ×10＝400 日元

为了获得 400 日元的边际收益，A 产品的生产数量应该是：400 日元 ÷30 日元 ≈13.3（台）

这样，我们就知道了，只需要生产 14 台以上的 A 产品就行了。

那么，少生产 10 台 A 产品，而生产 20 台 B 产品时，劳务费每个月增加 50 日元，那应该如何计算呢？

"只需要比较因为舍弃 A、B 两个产品中的某一个产品而产生变化的部分。"

生产 20 台 B 产品时边际收益增额 100 日元
－）生产 20 台 B 产品时固定成本增额 50 日元
_____
结算边际收益增额 50 日元

在追求利润时，往往必须考虑企业经营整体的发展。只看产品的单位成本、值差，很容易导致判断失误，这一点需要多加注意。不过，值得庆幸的是，用直接成本法可以轻松预测企业经营整体的发展情况。

2.4 如何判断亏本
——关于"儿子的低工资"的说明

新业务是亏损的。现在就已经亏损了,不能再增加新的亏损了。于是公司放弃了拓展新业务,从而错失了发展良机。其实,这个新业务是可以为公司赢利的。如果做了新业务,公司就能完美实现扭亏为盈。第1章第5节中所举的例子让人后怕。

这个判断失误是由"只见树木、不见森林"导致的。决策者只注意到了一个产品的完全成本,没有关注到整个公司的营收。不过,在这种情况下,每次业务变动都计算公司所有产品的完全成本,其实也是不现实的。那么,应该怎么做才对呢?

我想,读者朋友们大概已经知道了,解决问题的关键在于,只计算因为做了这件事而发生变化的部分即可。因为此时的固定成本并没有发生改变,所以不需要计算固定成本,只需要计算边际收益就行了。

值差　45日元－32日元＝13日元

边际收益增额　13日元×10＝130日元

这个130日元就是纯利润的增额。不仅可以覆盖掉100日元的亏损，还有30日元的盈余。儿子的月工资可以完美地让家庭开支从赤字变成黑字。为慎重起见，我们再用直接成本法计算一下表6（第25页），得到表19。

表19　S公司X月损益表

产品	售价	变动成本	值差	生产销售数量	总边际收益	固定成本	总利润
A	120日元	72日元	48日元	10	480日元	580日元	△100日元

【注】固定成本＝（每台产品的生产固定成本＋每台产品的一般管理费和销售费用）×产量＝（10日元＋48日元）×10＝580日元

另外，同时生产A产品和B产品时的损益表8（第27页）也按直接成本法进行重新计算，得到表20。如前所述，

表20　S公司同时生产A产品和B产品时的损益表

产品	售价	变动成本	值差	生产销售数量	总边际收益	固定成本	总利润
A	120日元	72日元	48日元	10	480日元		
B	45日元	32日元	13日元	10	130日元		
合计					610日元	580日元	30日元

第2章　企业经营的领航 | 075

即使不像这样进行完整的计算，也能在计算了 B 产品的边际收益后发现，公司可以扭亏为盈。

如果 B 产品的价格是 40 日元，变动成本是 32 日元，又会变成什么样子呢？此时边际收益的增额为：（40 日元 -32 日元）×10＝80 日元。这样就没有超过公司亏损的 100 日元，公司依旧将处于赤字状态。此时应该怎么办呢？虽然生产 B 产品的确为公司增加了收入，但是这个收入没有超过亏损。公司肯定不会因为生产 B 产品，而使公司陷入更严重的困境。这就可以理解为："虽然儿子的工资（售价）很低，但是只要能糊口（覆盖变动成本），即使不能承担家计（解决固定成本），也不会加重家计的负担（增加赤字）。"

真正的亏损是指，在售价低于变动成本时，产量的增加会导致亏损增加，这才是"真实亏损"。而当售价不低于变动成本时，即使看着像亏损了，但是产量的增加不会导致亏损增加，只是不够负担固定成本而已，所以这种状态叫作"疑似亏损"。

经营者必须分辨清楚真实亏损和疑似亏损，并采取必要措施避免真实亏损发生。直接成本法就能让这一切成为可能。

在此必须注意的是，最初公司作出了错误的判断。以为是因为接受了Ｂ产品的生产订单导致了亏损增加。其实，是否接受Ｂ产品的生产订单，应该是在掌握了正确的盈亏情况之后，参照公司的经营方针，再做决定。因此，"生产Ｂ产品可以让公司扭亏为盈，但是不生产"的决定也是可能存在的。当然，既然生产Ｂ产品能够让公司扭亏为盈，那么一般都会觉得生产Ｂ产品是正确的。

如果是"疑似亏损"的情况，并存在设备和员工富余的情况，而且预计接受新订单可以增加收益，那就不妨接受订单生产产品。如果必须充分利用已有设备和人员继续生产的话，即使亏损减少了，那也必须认真思考：是拒绝凑合、寻找别的业务呢，还是保持现状、采取措施扭亏为盈。

总之，要查清楚各种原因，进行综合判断。

2.5 提高还是压低外包费
——关于"如果穿别人的兜裆布去参加相扑比赛"的说明

在制订计划时,必须比较新的方法与之前的方法,哪个方法更能让企业获利。前文已经讲过,此时的盈亏比较只需要比较因为选择而产生变化的部分。关于外包与自产的问题,只需要比较变化的部分:

1. 外包时的费用

外包单价 × 数量　69 日元 ×10000＝690000 日元……①

2. 自产时的费用

材料费　50 日元 ×10000＝500000 日元

生产固定成本增额　5 日元 ×10000＝50000 日元

一般管理费用增额　40000 日元

合计　590000 日元……②

3. ①与②之差

690000 日元－590000 日元＝100000 日元

由此可见，自产的收益更高。

为慎重起见，我再补充几点。

1. 生产固定成本是每台产品 8 日元。其中，新增的生产固定成本是每台产品 5 日元，还有 3 日元因为是之前固定成本摊派的，所以无论做不做新业务，固定成本本身都没有发生变化。

2. 新增的一般管理费是每月 40000 日元，多出的 140000 日元（18 日元 ×10000－40000 日元），即使不生产新产品，也还是存在的。

这些新增加的费用被称作"增量成本"（Incremental Cost）。

在这种情况下，我们要时常确认新增费用的具体金额，然后再比较盈亏情况。否则，将做出非常愚蠢的决策。对此，大家必须多加注意。

就这个例子而言，可以说，只有当外包费用低于 59 万日元时，外包才会比自产更划算。而要弄清楚这些费用的情况，采用完全成本法来计算是绝对不可能的，只有采用直接成本法来计算才可以。

2.6　提高产品的加工程度会怎样
——关于"徒劳无益"的说明

正如之前已经讲过的一样，要把握经营的整体情况，只要弄清楚变化的部分和不变的部分即可。

①收入的增加……售价的差额　300日元－200日元＝100日元

②支出的增加……费用的差额　加工变动成本60日元

收入增加结算　40日元

生产B产品可以增加40日元收益。

但是，生产B产品的单个固定成本50日元到底是怎么回事呢？其实，即使不生产B产品，这个费用也会被分摊到其他产品上，所以从经营整体角度来看，它不是新增费用，不需要列入计算之内。如果因为生产B产品，导致固定成本增加，比如需要新聘员工等，那么就将固定成本的总额作为增量成本，用增量收入减去增量成本后再做判断即可。这一点在前文也已经解释过了。

在此,我想重点强调的是,虽然从整体经营角度来看,弄清楚哪笔费用变了、哪笔费用没有变是非常重要的,但是一定要注意,用完全成本法很容易犯错误,用直接成本法则可以让人放心。

2.7　投资新设备的收益如何
——关于"如意算盘"的说明

　　数字是非常可怕的事物。一旦数字被列出来之后，再加上一本正经的说明，即使数字是错误的，大家往往也会信以为真。所以，必须认真研究所列数字的内容。

　　下面我们一起来回看一下"1.8"的案例。需要花 14 个月来偿还设备费的离奇故事到底是不是真的呢？让我们重新看一下表 11（第 37 页）。在这份报表中，存在很严重的错误，即薪资率问题。

　　所谓薪资率，是指固定成本的总金额与直接员工的工作时间的比率，是单位时间内的劳动价格。薪资率可以说明员工实际上赚了多少钱，或者不赚多少钱就没法养家糊口。但是，直接拿薪资率去减少费用支出，是错误的做法。因为，薪资率主要是由与工时没有关系的费用所负担的，减少工时并不会必然导致这类费用的减少。只有占薪资率中一小部分的直接员工工资才会因为工时减少而出现富余。

现在，我们假设工资是一分钟1.5日元，那么：

每个产品可以节约工资　1.5日元×8＝12日元
每个月可以节约工资　12日元×2000＝24000日元

每个月也就只能节省出24000日元而已。所以，如果要偿还110万日元的设备费，即使不考虑贷款利率，也需要：

1100000÷（24000×12）≈3.8（年）

如果加上贷款利率，估计需要五年左右的时间才能还清。这才是符合实际情况的计算结果。

之所以出现表11的错误，是因为会计师当年上课时只听老师说了"缩短加工时长的利润"，就自作聪明地把这个知识用到薪资率计算上了。但是真正的原因是老师没有讲清楚，讲授方法不好。

这样的例子并不少见。

比如，库存管理中必定会出现经济批量订货的计算。其中，有一个"单次订货量"。如果用完全成本法来计算，就会大错特错。完全成本法的分摊算法会让"单次订货量"

中实际增加的费用即使非常少（通信费之类的费用），也会被过高预估，从而导致结果错误。

另外，在运筹学（OR）的解说[①]中，有时候会看到，解说者使用了"利润"一词，却不加以说明，让人不免担心，读者会如何理解"利润"这个词的具体含义。其实，解说者应该注明一下，这个"利润"指的是边际收益。

在企业经营内部，有关金钱的问题，到处都埋藏着完全成本法的陷阱，必须多加注意。

第1章第8节列举的是新购设备的例子。如果是更新设备，那还牵涉到对于依旧有利用价值的老设备，到底是废弃还是转卖的问题。在思考这个问题时，也只需比较会产生变化的部分。

---

① 运筹学是科学解决问题的数学模型。

2.8　如何定价
——关于"滑雪旅馆的成本核算"的说明

数字拥有可怕的魔力。当出现产品售价低于销售成本的计算结果时,经营者将面临巨大的决策压力。此时,经营者也许会惊慌失措地急于消除亏损,但是完全成本法只显示过去的单位总成本。所以,当遇到如何预防亏损、如何增加收入的问题时,完全成本法只能提供中止生产销售、提高产品价格、压低生产成本等抽象的建议。

然而,经营者需要的是具体的解决对策。如果经营者无法从完全成本法中获得具体的对策建议,自然会感到困惑。证据比理论更重要。滑雪旅馆的成本核算不能给旅馆老板提供任何具体对策建议,所以产生的只有迷茫。

幸亏旅馆老板使用了直接成本法,做了正确的成本核算,才得以做出正确的经营决策。大家还记得直接成本法的原则是什么吗?"价格－变动成本＝固定成本＋利润"。如果根据这个原则来计算旅馆夏季的边际收益:

$$(1000-300)(日元／人)×30(人)=21000 日元$$

目前是这个样子。接下来,旅馆要在此基础上继续提高边际收益。于是,旅馆老板制作了表 21 的边际收益表。

表 21　边际收益表

单月固定成本 60000 日元

房客人数	住宿费 1000 日元 值差 700 日元	住宿费 900 日元 值差 600 日元	住宿费 800 日元 值差 500 日元	住宿费 700 日元 值差 400 日元
10 人	7000 日元	6000 日元	5000 日元	4000 日元
20 人	14000 日元	12000 日元	10000 日元	8000 日元
30 人	21000 日元	18000 日元	15000 日元	12000 日元
40 人	28000 日元	24000 日元	20000 日元	16000 日元
50 人	35000 日元	30000 日元	25000 日元	20000 日元
60 人	42000 日元	36000 日元	30000 日元	24000 日元
70 人	49000 日元	42000 日元	35000 日元	28000 日元
80 人	56000 日元	48000 日元	40000 日元	32000 日元
90 人	*63000 日元	54000 日元	45000 日元	36000 日元
100 人	70000 日元	*60000 日元	50000 日元	40000 日元
120 人	84000 日元	72000 日元	*60000 日元	48000 日元
150 人	105000 日元	90000 日元	75000 日元	*60000 日元

（续表）

房客人数	住宿费 1000日元 值差 700日元	住宿费 900日元 值差 600日元	住宿费 800日元 值差 500日元	住宿费 700日元 值差 400日元
200人	140000日元	120000日元	100000日元	80000日元
300人	210000日元	180000日元	150000日元	120000日元

【注】符号"*"表示盈亏分界点

这个边际收益表中的边际收益和固定成本之间的差额就是损益。老板看着这张表，结合对市场动向的观察，作出了以下预测：

（1）即使将住宿费降至900日元，也不会让顾客明显感觉到降价了。

（2）如果将住宿费降到700日元，因为值差不大，相较于房客人数而言，收入并没有增加。而且，如果住宿费降幅太大，不利于旅馆的信誉。

（3）如果将住宿费降到800日元，则预计有70至90人的房客入住，估计能产生40000日元左右的边际收益。由此就可以把亏损控制在20000日元左右。

老板的这个预测被完美应验了，旅馆成功将亏损控制在了20000日元。

因为使用直接成本法，可以弄清楚销售量（顾客人数）与边际收益的关系，甚至提前预估损益情况，所以老板能做出正确的决策。

如果存在两种以上的产品，那就分别制作每个产品的边际收益表，找到边际收益最高的组合方式，再采取行动。但在现实中，经营的产品种类繁多，另外还存在设备及员工人数等的限制，要同时考虑这么多因素并不容易。此时，就要使用运筹学（OR）的线性规划（Linear programming）[1]了。关于线性规划的解释，请参看相关专业书籍。

---

[1] 最优化计划的数学方法。

2.9　如何估价

截止到目前为止,我已经讲了很多关于调整产品售价的案例。调整产品售价最关键的问题在于如何制订产品售价。直接成本法的产品成本是变动成本,固定成本属于期间成本。那么,期间成本应该怎么计算呢?

在制订产品售价时,所谓"期间",指的就是工时。也就是说,按照单位时间边际收益来思考。用公式表示如下:

产品售价＝每台产品的变动成本＋每台产品的边际收益
每台产品的边际收益＝单位时间边际收益 × 每台产品的加工时间

那么,怎么计算单位时间的边际收益呢?

未来必需的单月边际收益(＝公司单月希望获得的总边际收益)

未来预测的单月工厂总工时(＝直接员工人数 × 每人每个月的预估工作时间)

以前，我们一直被教导，在计算时要从过去的业绩中寻找答案。但过去的业绩终究是过去的，一旦被过去束缚，就会变成不进则退。其实，我们应该朝前看，这才是真正的经营管理之道。

当然，虽说考虑的是未来的事情，但也需要计算过去的业绩，以此为基础去预测将来什么部分会发生变化，或者可以发生改变。对于近来日新月异的经营管理而言，面向未来的积极态度才是最重要的。

这里顺便说一下对成本影响非常大的库存管理。一般专业书籍会说，关于物品采购，需要调查公司过去的业绩，那些用量大的物品、使用频率高的物品要依照相关标准进行采购。但这种想法是错误的。比如说，公司过去一直都使用铸件，但是技术部门打算将来把铸件换成冲压件。如果不听技术部门的提议，还是根据过去的实际成绩继续采购铸件的话会出现什么情况呢？一般而言，仓库里的东西往往不是公司目前最需要的东西。之所以会出现库存，原因之一就是公司为过去的实际成绩所束缚，不敢往前走。一般来说，公司采购时，是预估公司将来的需求量后才进行采购的。因此，只要营销部门和设计部门沟通好了，购买就是了。

如果因为公司内部沟通不畅，采购了将来不打算用的东西，而且因为已经采购了就必须要用完，便由此推迟更换产品设计和新产品的研发，那会给公司造成巨大的经济损失。

产品售价不能根据成本算出来后就原封不动地定下来。价格终究只是一个参考标准，需要综合考量市场行情、竞争对手、竞争商品等多种因素后再做决定。此时，使用直接成本法去解决，就肯定不会有问题。

关于售价，有一种奇怪的迷信，那就是物美价廉、薄利多销。这种思想被称为成本主义。成本主义当然有其合理的一面，但无论什么问题都一律按成本主义去办则不行。

价格与成本原本是没有关系的。价格由商品的使用价值和交换价值来决定，并非来源于成本本身。比如，即使卖家认为自己的商品耗费了大量劳动和成本，所以应该卖多少钱。但如果商品的性能不好，那就不会有人购买。本田技研的社长曾说，"顾客不会拼命给员工开工资"，实乃至理名言。

相反，对于优质商品、独一无二的产品，重要的是，要让这些能赚钱的商品赚大钱，而不是被成本主义束缚，把名正言顺的赚钱视为一种罪恶。一般而言，把产品售价控制在生产成本的 10% 或者 15% 是正当利润，超过这个比例就是暴利。但是，这个 10% 或者 15% 又有什么依据呢？用这种利率化的思维方式是不可能经营管理好公司的。企业的经营管理是一门非常深奥、复杂的学问。如果企业经营者不清楚赢利拥有哪些作用，那就很容易威胁到企业经营管理本身。

德鲁克也曾说过：

利润拥有三个功能：第一个功能是，检验经营的有效性和健全性。换言之，就是负责对经营状况的优劣进行最终判定。

第二个功能是，抵偿维持业务运作的必要储备资金——设备更新费、危机处理费、紧急事态应对费用等。从这一点来看，"利润"其实是不存在的，有的只是"业务维持费"或者"业务存续费"。企业经营业务的作用就是产生适当的利润，用来充当"业务维持费"或者"业务存续费"。实现这个功能绝非易事，而且目前没有一家公司充分发挥了利润的这个功能。

第三个功能是，调配资金支持革新和扩展业务。利润一方面可以增加企业内部的自主权，开拓企业金融的道路；另一方面可以保证外部融资以最利于企业本身的形式加入。

利润的这三个功能皆与经济学家们爱说的"追求利润最大化"没有任何关系。利润需要满足维持业务存续和发展的最低金额要求，与其说是追求"最大"，不如说是满足"最少"。因此，关于企业经营业务的利润目标，不是追求最大利润，而是明确维持企业经营业务至少需要产生多少利润。

——节选自《现代企业经营》

我们要认识到，利润是企业维持经营的"必要经费"。

2.10　为何要把握短期盈亏
——关于"亏本的盈余决算"的说明

用完全成本法计算出来的损益表让我们吃了很多亏。

如果我们用直接成本法重新计算一次第 1 章第 9 节中出现过的表 12（第 38 页），就会得到现在的表 22。

这才是符合实际的盈亏情况，能够让所有人信服。我顺便还用直接成本法重新计算了表 13（第 41 页）和表 14（第 42 页），得到表 23 和表 24。

销售额
　－）变动成本（销售成本）
_____
边际收益
　－）固定成本
_____
纯利润

表 22　每月损益表　　产品售价（1 台）2.5 万日元
（与表 12 相同）　　变动成本（1 台）1.0 万日元
（直接成本法）　　固定成本（1 个月）120 万日元

	X 月	Y 月
销售额	（40 台）　100 万日元	（140 台）350 万日元
销售成本 累积库存量 生产总成本 合计 月底库存量	（0 台）　　　0 日元 （100 台）100 万日元 100 万日元 （60 台）60 万日元　40 万日元	（60 台）　60 万日元 （80 台）　80 万日元 140 万日元 0　140 万日元
边际收益 固定成本	60 万日元 120 万日元	210 万日元 120 万日元
纯利润	△60 万日元	90 万日元
单位成本	1 万日元	1 万日元

表 23　X 月和 Y 月的单月损益表

（与表 13 相同）
（直接成本法）

	X 月	Y 月
销售额	（50 台）　125 万日元	（110 台）275 万日元
销售成本 累积库存量 生产总成本 合计 月底库存量	（0 台）　　　0 万日元 （100 台）100 万日元 100 万日元 （50 台）50 万日元　50 万日元	（50 台）　50 万日元 （60 台）　60 万日元 110 万日元 0　110 万日元
边际收益 固定成本	75 万日元 120 万日元	165 万日元 120 万日元
纯利润	△45 万日元	45 万日元
单位成本	1 万日元	1 万日元

表24　X月、Y月和Z月的单月损益表

（与表14相同）
（直接成本法）

	X月	Y月	Z月
销售额	（0台） 0日元	（0台） 0日元	（1台） 2.5万日元
销售成本 累积库存量 生产总成本 合计 月底库存量	（0台） 0日元 （100台） 100万日元 100万日元 （10台） 100万日元 0日元	（100台） 100万日元 （100台） 100万日元 200万日元 （200台） 200万日元 0日元	（200台） 200万日元 （100台） 100万日元 300万日元 （299台） 299万日元 1.0万日元
边际收益 固定成本	0日元 120万日元	0日元 120万日元	1.5万日元 120万日元
纯利润	△120万日元	△120万日元	△118.5万日元
单位成本	1万日元	1万日元	1万日元

用直接成本法计算得出的报表，盈亏情况一目了然。为什么完全成本法做不到呢？问题出在固定成本的分摊上。错误的源头是，把分摊的固定成本算到了资产上。将已经使用了的费用算到了待售产品上，将其变成了资产。让人感到不解的是，这种操作毫无道理，却是有法律规定的。

会计准则里有一条"发生主义原则"，其内容非常合乎情理，即严格按照交易的实际情况进行计算。没有发生的，就是不存在的，就不能用于计算。但是，将已经使用了的费用算到待售产品上，将其变成资产，这种做法明显违背了发生主义原则。因为产品售出后产生了销售额，才可以分摊固定成本。待售产品属于"未发生"的事情，那就不能参与计算。制订会计准则的人没有发现完全成本法的自相矛盾之处，真替他们捏把汗。

虽然会计学者们能幸免于难，但企业经营者们就没这么轻松了。企业经营者们就是因为相信这些用完全成本法计算出来的损益表才陷入窘境的。表12的X月业绩如果持续六个月，公司的损益情况就会变成表25的样子。

表25　6个月的损益表

		1月	2月	3月	4月
完全成本法	销售额	（40台）100万日元	（40台）100万日元	（40台）100万日元	（40台）100万日元
	销售成本 累积库存量	（0台）0日元	（60台）132万日元	（120台）264万日元	（180台）396万日元
	生产总成本	（100台）220万日元	（100台）220万日元	（100台）220万日元	（100台）220万日元
	合计	220万日元	352万日元	484万日元	616万日元
	月底库存量	（60台）132万日元	（120台）264万日元	（180台）396万日元	（240台）528万日元
		88万日元	88万日元	88万日元	88万日元
	销售利润	12万日元	12万日元	12万日元	12万日元

第2章　企业经营的领航 | 097

（续表）

		1月	2月	3月	4月
直接成本法	销售额	（40台） 100万日元	（40台） 100万日元	（40台） 100万日元	（40台） 100万日元
	销售成本 累积库存量	（0台） 0日元	（6台） 60万日元	（120台） 120万日元	（180台） 180万日元
	生产总成本	（100台） 100万日元	（100台） 100万日元	（100台） 100万日元	（100台） 100万日元
	合计 月底库存量	100万日元 （60台） 60万日元 40万日元	160万日元 （120台） 120万日元 40万日元	220万日元 （180台） 180万日元 40万日元	280万日元 （240台） 240万日元 40万日元
	边际收益 固定成本	60万日元 120万日元	60万日元 120万日元	60万日元 120万日元	60万日元 120万日元
	纯利润	△60万日元	△60万日元	△60万日元	△60万日元

		5月	6月	6个月合计
完全成本法	销售额	（40台） 100万日元	（40台） 100万日元	（240台） 600万日元
	销售成本 累积库存量	（240台） 528万日元	（300台） 660万日元	（0台） 0日元
	生产总成本	（100台） 220万日元	（100台） 220万日元	（600台） 1320万日元
	合计 月底库存量	748万日元 （300台） 660万日元 88万日元	880万日元 （360台） 792万日元 88万日元	1320万日元 （360台） 792万日元 528万日元
	销售利润	12万日元	12万日元	72万日元

（续表）

		5月	6月	6个月合计
直接成本法	销售额	（40台） 100万日元	（40台） 100万日元	（240台） 600万日元
	销售成本 累积库存量 生产总成本 合计 月底库存量	（240台） 240万日元 （100台） 100万日元 340万日元 （300台） 300万日元 40万日元	（300台） 300万日元 （100台） 100万日元 400万日元 （360台） 360万日元 40万日元	（0台） 0日元 （600台） 600万日元 600万日元 （360台） 360万日元 240万日元
	边际收益 固定成本	60万日元 120万日元	60万日元 120万日元	360万日元 720万日元
	纯利润	△60万日元	△60万日元	△360万日元

用完全成本法计算的话，每个月将盈余12万日元，6个月将产生72万日元的赢利。但是用直接成本法计算的话，实际情况是每个月将亏损60万日元，6个月将产生360万日元的亏损。而且，因为这个360万日元还转变成了库存量，所以在财务账上会变成720万日元的亏损。

明明情况十分危急，但用完全成本法计算出来的结果却显示月月赢利。完全成本法不仅没有警示亏损引发的经营危机，反倒还会用每月赢利来麻痹经营者。完全成本法不仅没有为企业经营作出贡献，还会让企业陷入危机。若是用直接成本法来计算损益，经营者就能马上察觉到亏损的危险。

追根溯源的话，完全成本法属于生产主义的产物。产品只要被生产出来了，就可以将固定成本摊派上去，使其变成资产。所以，即使产品根本没有销路，也不影响企业账面的盈亏数字。这一点从表14（第42页）就可以看出来。

这与延期支付固定成本是一样的。在期间盈亏情况的计算中延迟支付费用，违背了计算的初衷。不管是移动平均还是总平均，一旦偏离了初衷，无论怎么扭转，都不可能回到原点。因为生产和销售的变化，完全成本法将计算出与实际情况相反的数字来。

之前列举的案例，为了方便解说，对数据进行了简单化处理，其实，真实情况更加惊险和复杂。企业经营者拿到损益表后难以判断到底是赢利了还是亏损了，以至于最终不得不凭借直觉作出决断。

但是，会计学的大佬们告诉你，"会计是实务、是实践"，让你去分析不会展现真相的完全成本法的财务报表。流动比率也好，营业利润率也罢，你从完全成本法的财务报表中只能找到错误的答案。关于这一点，我已经列举了多个真实案例，而且我也曾是受害者之一。

K公司是业内数一数二的大公司，不仅上市了，而且是股票交易市场上的人气股。

有一年，K公司因为更换模型失败，导致产品销售量骤减，业绩急速下滑。公司为了挽回损失召开会议，决定提早推出来年的新产品，同时减产现在的产品，防止库存积压。

此时，分管会计的O董事态度强硬地表示，虽然同意提前新产品的上市时间，但是反对减产现有产品。也就是说，O董事反对减产销量不好的旧产品。会上所有人都指责O董事在胡说八道，引起了不小的争执。最后因为O董事手握大权，对于K公司非常重要，所以公司还是遵循O董事的意见，勉强中止了现有产品的停产计划。

然而，O董事绝非在胡闹，他的战术建议是在进行了严格的会计计算后才提出来的。

如果先说结论的话，O董事是反向利用了完全成本法原则，出手保住了公司的信誉。其实，他从一开始就知道产品不会畅销。

完全成本法坚持生产主义。正如前文所说，完全成本法把所有费用都分摊到产品上面，即使产品没有卖出去，也会被算作是资产。O董事就是利用了这一点。K公司也因此实现了报表上的盈余，获得了银行、投资市场的信赖。当然，之后的筹款越来越难，公司不得不延缓采购，延迟支付外包酬劳，被融资折腾得苦不堪言。

是选择减产导致出现亏损，从而失去外界的信任呢？还是选择虽然实际上出现了亏损，但坚持不减产，从而保持报表上的赢利状态，维持外界的信任，拖到新产品上市呢？O董事为了这个选择，经历了别人无法理解的痛苦。但能够想出这个险招去赌一把，其实也是钻了完全成本法的空子。商战讲究虚虚实实，不允许有任何差池发生。

而且O董事的做法是完全合法的。顺便说一下识破这个魔术的简易方法。如果不了解公司的内部情况，单凭一个季度的决算报表，不大可能识破这个魔术。需要查看大概三个季度的决算报表，对比各报表的库存资产和销售量的比例。如果根据常识来看，库存资产上涨过高，那就很有可能存在问题。大家可以试着研究一下表25（第97页）里面的完全成本法部分的月底库存量的增幅。

2.11　前进与后退

在本节，让我们一起来思考一下完全成本法和直接成本法在本质上的巨大差异。

在目前列举过的案例中，完全成本法一直在计算过去的业绩，但是无法预测将来的事情。也就是说，完全成本法是向后看的，是消极保守的。

相比之下，直接成本法可以预测未来。换而言之，直接成本法是朝前看的，是积极进取的。直接成本法可以成为有力的向导，指引企业经营者掌握好公司这艘船的舵。

但是，请切记，虽然直接成本法可以解决问题，但它既不一定是最好的，也不是万能的。前文提到过的 OR（运筹学）、EE（工程经济）等各种方法，还有控制论（cybernetics）[①]等各种思考方式和做法，都各具特色。我们必须因地制宜地根据目的采用合适的方法来解决问题。

---

① 将生物和机械相结合进行认知、研究的思维方式。

2.12　直接成本家族的成员

直接成本法需要将费用拆分为固定成本和变动成本。根据不同的费用名目,有的可以完全拆分,有的无法拆开。此时,就必须明确变动成本的条件,保证拆分费用时不会拆错。成为变动成本的条件如下:

1.直接成本(变动成本)随着产量增加而增加。也就是说,每生产一个产品,直接成本就会增加一次。具体而言:

直接材料费(包括采购的零部件)

外包加工费(产品及零部件)

辅助材料费、再生材料费

生产消耗品费

工具费、模型费

动力费(安全费属于固定成本)

生产燃料费(溶解、加热、干燥等)

运输、包装费

废品损失

2.直接成本随着产量减少而减少

有些费用虽然会随着产量增加而增加，但不会随着产量减少而减少。这些费用就不是变动成本。最具代表性的就是员工酬劳。让我们来看一下在完全成本法里会被算进直接成本里的直接劳务费。企业全负荷运转时，为了增加产量，必须聘用新员工，这就会导致直接劳务费增加。新增加的员工如果是临时工就算了，但更普遍的情况是，企业跟新聘员工签了长期合同。这样一来，即使产量减少了，直接劳务费也不会随之减少。直接成本法计算的是实际情况，那就不能将没有减少的东西算作减少了。不要管专业术语怎么说，切记，计算时需要的是经营管理所需的数据。

3.直接成本随着销量增减而增减

用完全成本法计算时，一般管理费和销售费用会被处理成间接费用，而间接费用中包含变动成本。比如，运输费、路费、包装费、销售手续费、返点费等，这些基本上都属于变动成本。用直接成本法计算时，不要在意费用名目，要考虑费用的性质。

广告宣传费、商务接待费等跟产品销量的增减不成正比关系，属于固定成本。

4.票据贴现费

仔细思考一下就能明白，票据贴现费属于变动成本。由于票据与产品销量的比例、票期的变动无关，所以从严格意义上来说，票据贴现费其实不属于变动成本。但是从性质上来说，票据贴现费的确又是变动成本。根据产品类别来把握票据贴现费会很困难，这一点倒是不必在意，大体上掌握产品种类之间的差别即可。

完全成本法把票据贴现费归为非营业费用，但实际上，票据贴现费不仅是营业费用，还是典型的直接成本。所谓非营业费用的真正含义，是指与达成营业目的无关或者不需要的东西。但这个定义也存在争议。

在梳理变动成本时，不仅不能墨守成规地按照费用名目来进行划定。而且不同的行业、不同的企业情况，会出现完全相反的划分结果。比如，以水费为例。很多行业把水费划分为固定成本，但是像炉灶冷却水、涂料清洗液，在化工行业，水费会被列为变动成本。

总的来说，必须实地调查清楚企业的经营生产情况后，再决定哪些费用是与生产销售正相关的。

想要从某个费用名目中分离出变动成本部分，有很多种方法，但只要用相关函数图表求回归线（趋势线）就可以了。相关函数图表会显示出两个变量之间的关系。两个变量的关系有三种，即正相关（一个变量随着另一个变量的增加而增加，正比例关系）、负相关（一个变量随着另一个变量的增加而减少，反比例关系）和零相关（任一变量的变化不对另一变量产生影响）。产量与电量等成正相关，用相关函数图表来表示的话，就是表 26。从表 26 中可以看出固定成本部分的电费是多少。

表 26　相关函数图

电费	固定成本部分	回归线（趋势线）	产量

如果想尽可能将回归线画准确，有最小二乘法、扣除法等多种方法。不过，保证精确度是理论上的要求。从实践角度来看，为了计算时简单方便，可以稍微牺牲一点精确度。

2.13　如何决定直接成本

每家公司都应该制订划分标准，明确本公司的直接成本都由哪些费用构成，以保证任何人来计算都可以得到相同的结果。

最好不要让会计部门的人来制订这个划分标准。因为会计会把绝对值本身的正确性视为优点，马上就开始计算准变动成本、递减成本。他们喜欢在鸡蛋里挑骨头，为的就是把成本核算弄得非常复杂。这不是会计师的错，错的是让他们这么做的人。关键在于，成本核算不是越精确越好。精确度做到保证不影响实际应用即可。就像量身高一样，精确到1厘米就够了，精确到1毫米的意义不大。

制订标准时，首先要做费用的ABC分析（帕累托分析）。规范的帕累托表可以帮助我们掌握费用项目（%）和金额（%）之间的关系，如表27。不过，我建议大家只取帕累托表的精华，实际操作时可以用更简单方便的方法取代专业算法。

表27　帕累托表

金额（%）	费用项目（%）

1.调查一期（或者半期）的所有费用项目的金额。如果有预算表也行。

2.仿照表28，在方格绘图纸上，按照金额，从高到低记录费用项目，制作表格（这个表格是截面数据。因为横向数据符合实际情况，更便于掌握金额情况）。

3.将费用合计用百分比表示，从高到低累计，一直算到达到总金额70%至80%的费用项目，以此作为A区。

4.对达到总金额50%至60%的费用项目，从低到高进行累积，以此作为C区。为了方便管理，可以在金额数字合适的地方做一个切断（比如，全年100万日元以下的费用项目）。

5.A区和C区之间的区域为B区。

6.最后，记录每个区域的区域金额与总金额的比例、区域项目数与总费用项目数的比例。

完成ABC成本分析表后，仔细观察该表，就可以马上发现问题。

1.虽然A区的金额占比大，但是费用项目数很少。

2.虽然C区的金额占比小，但是费用项目数很多。

表 28　ABC 成本分析表

金额	×××日元	
费用项目数		
A 区	金额	费用项目数
B 区	金额	费用项目数
C 区	金额	费用项目数
金额	费用项目	
材料费	外包费	人力费

接着可以得出以下结论：(1)只要管理好 A 区为数不多的费用项目，就可以管理好大部分费用。换言之，可以实现费用的高效管理。(2) C 区的费用项目管理虽然会耗费大量精力，却不会相应地对整体管理起到很大作用，非常低效。因此，我们在管理费用时，不能一视同仁，而应该严格管理 A 区，适当管理 C 区。根据不同区域的特性，采取最适合的管理方式，这种管理方式就叫作"ABC 管理"。

说到节约成本，很多人往往只会想到身边的琐事，比如，"离开时关灯""节约办公用品"等，除此之外，想不出更多的了。这些措施虽然本身没错，但应该进一步，利用 ABC 管理的思维方式，发现重点并采取行动。

ABC 管理的应用范围十分广泛，可以用于管理工厂库存、制订商店的经营计划和进货计划等，实现资金的有效利用。

接下来，我将向大家介绍一个真实案例。

有一家公司不间断地生产 40 种产品。我去那家公司调研时，首先感到要整合产品式样，于是制作了不同式样产品的 ABC 成本分析表，发现其中 20 种产品的销售额仅占总销售额的 5%。我向公司高层汇报了调研结果，高层表示，他们其实早就隐隐有所感觉，但没想到实际情况超出了预期。于是，公司马上决定在六个月内整合那 20 种产品，然后把所有精力都放到主力产品的生产上。因为在整合阶段，公司高层亲力亲为，与主要客户进行沟通交流，所以没有遇到很大的困难，顺利完成了产品整合，公司后来也蒸蒸日上。就像德鲁克所说的那样，企业经营不能只是顺应环境，而要改变环境，积极创新。

关于 ABC 管理，已经说了很多，让我们言归正传。

在对直接成本进行分类时，我们也可以采用 ABC 管理的思考方式。采用 ABC 思考方式进行分析后，就会明白，在大多数公司，直接材料成本、外包成本和人力成本这三类成本占到总成本的 70% 至 80%，而且这三类成本可以被清楚地划分为变动成本或者固定成本。如此一来，我们只要解决了这三种成本，就解决了七至八成的总成本。在拆分剩余的各类成本时，即使出现10%的误差，相对于总成本的误差而言，也就只有（20%～30%）×10%＝2%～3%的差距。

这还只是针对平均而言。换言之，除完全固定成本以外，即使变动成本和固定成本混合的费用项目的拆分误差更高，相对于总成本的误差也比想象中的要低很多。因此，抓住只占总额1%或者2%的项目去大费周章地进行拆解分类，实属下策。实际上，大部分费用要么属于变动成本，要么属于固定成本。不如干脆直接把所有费用项目都算作变动成本或者固定成本。这样做也不会有什么问题。不需要担心出现误差相互抵消或误差累积等问题。

直接成本法不是为了做给外人看的，所以只要掌握了经营管理所需的重要数据即可。关键是整体的实用性，而不是每个费用的精确度。学者们不了解现实情况，只会纸上谈兵，企业经营者容易被学者专家的各种说法弄得不知所措。虽然我们需要立足于理论，但不能被理论所束缚。

实际操作时，必须使用简单方便的方法。所以，我建议采用ABC管理法来对费用进行分门别类。

2.14　固定成本不是永恒不变的

固定成本就如同其名字一样，让人感觉它是固定不变的费用，但这不是固定成本的真正含义。固定成本原本的含义是不属于变动成本的费用，也就是非变动成本。这样一来，事情就变得清晰明了，不会有误解的危险。虽然我觉得应该用"非变动成本"一词，但鉴于在社会上不通用，所以还是用了"固定成本"这个词。实际上，原本在经营管理中就很少有不变的费用之类的事物。随着时间的流逝，事物自然会发生变化。如果不变，那才奇怪。

把"不变成本"称为"固定成本"，引发了各种各样的混乱。在学者专家的学说中，时常有基于固定成本，即不变成本的想法而形成的观点，大家对此必须保持警惕。换言之，有时候把递减成本、准变动成本理解为非变动成本，就可以解决问题。

第3章 企业经营成本和利润

——先进的成本

3.1 机会成本（Opportunity Cost）

假设你要采购电焊机。原本定价70000日元的电焊机，你还价到65000日元，那就节省了5000日元。然而，后来有别的厂家告诉你，如果在他们那儿购买的话只需要63000日元。听完后，估计你会抱怨自己损失了2000日元。

根据美国会计学会（A·A·A）的定义：利用某种方法获得资源（材料、劳动、设备等）时放弃了其他方法。那么，使用其他方法应取得的收益或者说放弃其他方法所造成的损失，用货币价值来表现即为"机会成本"。

错失了购买63000日元电焊机的机会，损失2000日元，此时这2000日元就叫作机会损失。有这种损失的意识非常重要。按照以往的成本观念，必须是现实中花费掉的金额才能被算作成本。但在机会成本中，赚钱的机会也算作成本。

这就是为什么"机会成本"的提出被视为是一场革命。把钱放在家里而不是存在银行里的话，就会损失利息收入。这个利息收入就是机会损失。

"我们工厂的设备折旧后根本不值几个钱。因为我们用这种不值钱的设备进行生产，所以赚得多。"这话听上去好像有一定道理，但说话人的机会成本意识为零。如果工厂购买先进设备，处理掉老旧设备，可以赚得更多的话，那这个利润差额就是机会损失。

在本书第 1 章第 4 节中，我提到，只生产 B 产品可以赚 230 日元，但如果不这么做，就只能赚 130 日元，那么此时的机会损失就是 100 日元。按照以往的成本概念来看，有 130 日元的收益；但按照机会成本的概念来看，则有 100 日元的亏损。如果你是公司老板，你会怎么选择呢？

第 1 章列举的其他案例也可以用机会成本来重新梳理一遍。

A 公司和 B 公司都拥有 1 亿日元的总资产。在同一时期内，如果 A 公司赚了 1000 万日元，B 公司赚了 3000 万日元，那 A 公司就遭受了 2000 万日元的机会损失，需要马上商讨对策，而不能因为赚了 1000 万日元就沾沾自喜。

为了提高收益，企业经营者需要比较研究一切可以赢利的方法。如果你选择的方法没有别的方法赢利多，即使账面上是赢利的，实际上也是亏损的。

切记，这种方法不仅仅是一种会计方法，它还综合了培训、人际关系、实习考察、调查研究及其他各种方法。

3.2 不可靠的利润率
——区分现在会计和未来会计的思维方式

最近，企业经营变得越来越困难了。正如畠山芳雄在其著作《公司为何倒闭》中所说，企业经营变得困难的原因在于原材料革命、技术革新的速度越来越快；与之相反的是，企业做出某个决策后，决策结果体现在经营实体上需要一段时间，这样一来，两者之间就产生了一个时间差，而这个时间差正在不断变大。畠山先生说的"决定性瞬间"，即使是中小企业，也不例外。

企业经营者面对未知的将来，肩负着企业的未来。增加技术员工、引进新技术、研发新产品，这些问题需要等待多年以后才能知道结果的好坏。因此，当下的优质公司只代表过去优秀，现在是否优秀，只有在将来才能知道。

注：本节围绕畠山芳雄先生发表在 1961 年 2 月号《近代经营》（diamond 社）上的《优秀公司的条件》一文的主旨内容撰写而成。

评判一家公司是否优秀，主要评判的是这家公司现在以及将来是否优秀，其过去的优秀不能作为评判依据。

从上述观点来看，利润率存在一个根本性的缺陷，它只能证明"过去的优秀"。而且，利润率还隐藏着一个更严重的问题，用畠山的话来说：

假设现在有A、B两家公司，两家公司的销售额都是100亿日元。虽然两家公司涉足的行业、产品构成都基本一样，但是A公司的利润有5亿日元，B公司的利润是2亿日元。

依照以往的观点来看，至少可以认为，A公司比B公司优秀。

这就是问题所在。

认为A公司比B公司好，受到了销货成本、一般管理费用和销售费用的影响。因为这些费用同时承担着企业的当前业务和未来业务（也就是投资性支出）。

由于企业经营管理的变化，将未来支出简单地等同于资本支出的想法早已不合时宜。详细分析各类成本后就会发现，销货成本中包括工业工程强化、生产合理化的投资支出，一般管理费用和销售费用中包括研发费、市场营销费、企业内部培训费等投资支出，营业外费用中包括以借款利息形式出现的投资支出。

由于处理这类投资支出不会单独列出未来的投资支出，所以人们很难意识到未来支出的金额之庞大，但在实际经营中，未来支出常常达到惊人的数额。

假设前面提到的 B 公司投入 8 亿日元用于支付研发费、公关费、技术员工维护费和教育费等；A 公司没有技术团队，所以不需要在研发、市场营销上投入资金，只需大肆享用现有业务的利润，那么会发生什么情况呢？

	A 公司	B 公司
销售额	100 亿日元	100 亿日元
现有业务支出	94 亿日元	90 亿日元
现有业务利润	6 亿日元	10 亿日元
投资支出	1 亿日元	8 亿日元
纯利润	5 亿日元	2 亿日元

换一个角度来看，A 公司是不如 B 公司的。

首先，A 公司现有业务的生产率不如 B 公司。这一点是由过去的决策和行为造成的，意味着 A 公司早就已经不如 B

公司了。

其次，就公司未来的成长和发展而言，不难想象，未来A公司与B公司之间的差距只会越来越大。

技术革新、消费革命导致企业经营本身发生了天翻地覆的变化，这就导致纯利润的概念变得毫无意义。

极度重视以纯利润为基础的资本回报率、销售净利率，在经营计划、业绩评价中强调利润率，可以说实属近代经营七怪之首。

A公司的经营还存在一个严重问题。

那就是抑制投资，在财务报表中计入过高的收益（相较于B公司），从结果来看，就是在全力以赴将内部资本排除在公司之外。本来资产结构就比B公司的差，A公司的经营方式还导致公司资产内容在不断恶化。

几年前，有一家身为行业主力军的制药公司，因为高收益和优秀的财务结构遭到质疑，引发了经营问题。

这家公司每个时期都获得了高额利润，流动比率接近300%，存款也很多。但是因为公司没有赶上激素原料革命的风口，也没有及时推进新激素的研发生产，公司业绩逐渐受到影响。

究其原因，在于公司没有不断将现有业务的收益重新进行投资，只顾着扩大留存利润。

某化妆品公司长年累月构建起优秀的经销体系，现在拥有其他公司望尘莫及的强大的独家营销网络。这家公司的经营方针是，将利润控制在销售额的一定比例之内，通过一定时期内的控制，把剩余的收益全部投入到市场营销的新尝试、产品研发、生产合理化等之中。

这家公司只留了一部分钱用作准备金，将更多的钱变相地存在了市场、工厂、研究所、员工等内部储蓄上。

当下，存款的概念早已发生了变化。

今后企业成长发展的决定性因素是，储存在企业所拥有的市场、技术团队、工厂、经营能力等方面的潜在动力。可以说，这股力量的强弱是象征企业优越性的最显著指标。

从上述两个方面来看，现代企业会计正在成为游离于企业经营实体之外的存在。经营分析、经营计划、预算统筹等，管理会计方面的问题自不用说，股东报告、金融机构的企业评级、税务等各个方面，都有待进行根本性的再讨论。

在上一节，当总资产为1亿日元的两家公司的收益分别为1000万日元和3000万日元时，收益为1000万日元的公司就遭受了2000万日元的机会损失。当时为了方便概念的说明，我将1000万日元和3000万日元称作收益，实际上，从现在未来分离会计的角度来说，将这些钱称作收益是很奇怪的。只有把1000万日元和3000万日元视作两家公司各自现有业务的收益时，才会想到真正意义上的机会损失。

削减成本也是适用于现有业务的成本。如果将现有业务的成本和未来业务的成本混在一起，并一起进行成本削减，那就错了。

真正的削减成本只适用于现有业务。削减成本的目的是，尽可能多地拓展未来业务。未来业务才是能够让公司存续、发展的原动力。

当然，未来事业费用不是多就行，还要有效地利用起来。毋庸置疑，这笔钱要用到加强畠山先生提到的那种公司发展潜力上。其中，最重要的用途就是培养人才。这不能算是支出，更像是投资，而且可以说是最有利的投资。这里存在另一种思维方式的革命。

3.3 实战性财务分析

第 2 章介绍说明了财务分析的原理，本章的前两节则分别讲述了现在未来分离会计的思维方法。当然，传统的财务分析并非一无是处，我们必须在通晓传统财务分析的基础上进行财务分析。

学者、教师的财务分析过于学术化，虽然有助于获取知识，但不适合实践操作。当然，如果你足够有声望，能像学者、教师那样单纯依靠贩卖知识养活自己，那也无所谓。但是一线从业者肯定不能止步于此，他们需要简明扼要的实操方法来帮助他们准确判断问题所在，以便采取正确的措施来解决问题。

那么，适合普通人的方法和思维是什么样的呢？接下来我将详细展开说明。

务必根据趋势诊断"病情"

极端地说，绝对值的大小并不重要，比率的数值本身也不是根本性的问题，关键在于这些数据呈现出何种趋势。

即使现在的数据很差，但如果从趋势来看是向好的，那就不需要担心；相反，即使数据很好，但如果那就是巅峰值，或者呈现出下降的趋势，则有大问题。

虽然通过趋势判断才是真正有效的方法，除此之外别无他法，但很少有书籍强调这一点。有些书籍作者轻描淡写地指出"要观察趋势，注意不要有不良征兆"，能够这样说还算是好的。而有一些自我标榜为"实操指南"的书籍却对此只字不提，实在令人后怕。

因为需要观察趋势，所以只看一个季度的财务分析数据是不行的，至少需要看三年左右的财务分析数据。另外，还需要完成以下工作，才能看出趋势：

1. 核算每个季度的比率（截面数据）
2. 核算各项开支的每个季度的指数（时间序列数据）

做到从大到小

凡事存在先后顺序，财务分析亦不例外。但是，目前尚且只有少数书会告诉读者，"请按××顺序开展工作，理由是××"。不同的书有不同的流程顺序。如果读者无法判断其中真伪，稀里糊涂地读下去，读到最后会出现"比率的重要性"之类让人似懂非懂的内容。

我们需要弄清楚的，不是比率的重要性概念，而是"本公司的问题点"。虽说每个公司有不同的问题，需要借助财务分析去发现，但是并非按照不同的顺序分析各项数据，就一定能够精准发现真正的问题点。归根结底，按照正确的顺序逐步开展分析，才能高效准确地捕捉到问题点所在。这个顺序便是从大到小。无论何种情况，此法皆可适用。

首先纵观全局，判断是否存在问题，并观察问题存在于哪个方面。接着进一步细分，确定具体的问题点所在。这个方法明明非常合理，很多书却不教授，这导致很多人在做财务分析时叫苦不迭。一线财务工作最渴求的是，能够设身处地为一线从业者考虑的人。

请大家记住以上两点，根据后面介绍的财务分析方法，找出你所在公司存在的问题点。

虽然这并非最好的方法，也不可能面面俱到保证不遗漏掉任何财务问题点，但是希望大家能从中习得寻找问题的思维方式。

1. 销售额与利息及票据贴现费用的比率

企业经营,最重要的是检查销售额与利息及票据贴现费用的比率。因为所有经营问题归根到底都是资金不足造成的。为了解决资金不足的问题,公司需要贷款借钱,这样就会产生利息。所以,整体把握问题的最快速且最准确的方法,就是去查证公司的借贷款情况。经济学家、银行非常重视企业经营负债率(负债÷自有资金×100)的增长。其实,他们看的就是利息负担的增长情况。

要诊断企业经营的状态,需先调查三年的销售额与利息及票据贴现费用的比率。判定的详细标准请参见表29。

表29 经营状态判定标准

	工厂	贸易公司
健康	3%	1%
维持现状	5%	3%
缩小均衡	7%	5%
破产	10%	7%

【注】转自《经营的红灯》(田边升一著)

你所在的公司这三年的情况属于哪种类型呢?今后又会发展成为哪种类型呢?

销售额与利息及票据贴现费用的比率是最直接明了的指标。如果呈现出不好的征兆，就必须严肃对待。不仅要改善借贷结构，还要找到问题的根源所在，并予以解决。此时就需要进行下一步的分析。

2. 总资产利润率

我在前文提到过"利润率不可靠"，意指不能盲目相信利润率，仅凭利润率来判断公司的优劣。

即使一家公司要大力发展未来事业，其能力也是有限的。为了保证公司的正常运转，必须确保一定比例以上的总资产利润率。反而言之，为了弄清楚企业发展未来事业的投资上限，必须分析总资产利润率。

所谓总资产，是指公司可动用的所有资金的总和，包括本金、准备金等自有资金，和贷款、应付票据、应付账款等借入资金。可以将总资产理解为资产负债表里右侧栏内的内容，即资产负债合计。

如果一位公司老板不知道公司可动用的总资产金额数和相应的必须赚回的利润金额数，那他被批评为是不合格的经营者，也是合情合理的。总资产利润率的核算方法如下：

总资产利润率＝净利润／总资产

占部都美在其著作《危险的公司》（光文社）中提到，总资产利润率最低不可低于6%。

你所在的公司这三年间的总资产利润率变化呈现出何种趋势呢？如果出现了恶化的趋势，就必须查清原因。此时，就需要下面这个公式了：

总资产利润率＝净利润／总资产＝净利润／销售额 × 销售额／总资产＝销售利润率 × 总资产周转率

如果总资产利润率下跌，需要查明是因为销售利润率降低造成的，还是因为总资产周转率降低导致的。表30这样的一览表可以方便财务人员对比数据、观察趋势。

如果销售利润率存在问题，那就需要进一步调查具体情况；如果是周转率降低，那就需要查清造成周转率降低的关键原因。

表 30　第 X—Z 期 总资产利润率表

比例	第 X 期	第 Y 期	第 Z 期
总资产利润率 ＝ 净利润／总资产	xxxx/xxxx＝ xx%	xxxx/xxxx＝ xx%	xxxx/xxxx＝ xx%
销售利润率＝ 净利润／销售额	xxxx/xxxx＝ xx%	xxxx/xxxx＝ xx%	xxxx/xxxx＝ xx%
总资产周转率 ＝ 销售额／总资产	xxxx/xxxx＝ xx%	xxxx/xxxx＝ xx%	xxxx/xxxx＝ xx%

3. 如果销售利润率存在问题

根据直接成本法的核算方法，拆分费用（见表 31）。该表的使用方法是，将各季度的费用数据录入对应的栏目内的分子处，分母是百分比化后的销售额比率，指数栏写这张表初始季度的费用百分比化时其他各季度的指数。

针对该表，首先需要关注的是销售额的指数。如果该指数没有保持全年 10% 的增长，就可以视为已经达到了最高值。如果销售额指数比固定成本的增加比例还要低，那就存在大问题了。销售额增长缓慢是导致销售利润率降低的首要原因。由于固定成本不会每年都上下浮动，所以，如果销售额不增长，将无法上调承担固定成本的边际收益。

接着需要观察各类费用相对于销售额和边际收益的增加趋势，以判断是变动成本金额更高还是固定成本金额更高。特别是，如果变动成本率超过销售额的70%，那就说明这种产品已经走到了其商品寿命的尽头，公司必须认真考虑是否放弃生产该产品。由于通过趋势可以提前预判会出现超过70%的情况，并相应地采取应对措施，及时止损，所以，如果当初作出了不放弃的决定，那接下来就应该竭尽全力确保变动成本率不会超过销售额的70%。具体办法我将在下一章详细介绍。

如果固定成本偏高，就需要进一步将其拆分为劳务费和经费，明确到底是劳务费偏高还是经费偏高。若是劳务费偏高的话，可以再核算一下每1万日元劳务费的边际收益是多少（见表32）。

虽然在做财务分析核算时，经常会核算人均边际收益，但我认为只有拉克会核算1万日元劳务费的边际收益。从财务分析的角度来看，人均边际收益其实并不重要，最重要的是单位工资的边际收益。现在将其称为"工资产出比"。

另外，还需要注意相对于边际收益的劳务费率，具体请参照第6章内容。

如果劳务费偏高，则需进一步将其细化为生产部门的劳务费和管理部门的劳务费，观察劳务费相对于边际收益的比率和指数。如此一来，就能判断出低效率的是生产部门还是管理部门。还可以将劳务费、经费按照当前事业费用和未来事业费用进行拆分。虽然大致看都是管理部门的劳务费偏高，但危险的是，当前管理部门的劳务费的确偏高；如果是未来事业部门的劳务费偏高，那也不能仅凭费用偏高就不管三七二十一地一刀切。

按照上述步骤，做到从大到小，就能快速且轻松地发现问题所在。

表 31 第 X—Z 期 费用拆解表

	第 X 期		第 Y 期		第 Z 期	
①销售额	XXXX 日元 100%	指数 100	XXXX 日元 100	指数 XX	XXXX 日元 100	指数 XX
②变动成本	XXXX XX	100	XXXX XX	XX	XXXX XX	XX
③（①-②）边际收益	XXXX XX	100	XXXX XX	XX	XXXX XX	XX
④固定成本	XXXX XX	100	XXXX XX	XX	XXXX XX	XX
⑤（③-④）纯利润	XXXX XX	100	XXXX XX	XX	XXXX XX	XX

表 32　第 X—Z 期 固定成本拆解表

	第 X 期		第 Y 期		第 Z 期	
边际收益	XXXX日元	指数100	XXXX日元	指数XX	XXXX日元	指数XX
	100%		100		100	
经费	XXXX	100	XXXX	XX	XXXX	XX
	XX		XX		XX	
劳务费	XXXX	100	XXXX	XX	XXXX	XX
	XX		XX		XX	
每1万日元劳务费的边际收益	日元XXXX	100	日元XXXX	XX	日元XXXX	XX

4. 如果总资产周转率存在问题

主要有三种原因会造成总资产周转率出现问题，即难以回收销售款、库存增加、固定资产增加。

请仿照表 33 制作一张分析表。这张分析表里的产品和半成品请按直接成本来核算。观察此表，就能一目了然地辨别出造成资金周转率恶化的原因。接下来进一步调查分析资金周转率恶化的原因即可。

假设应收账款周转率变差，那么可以尝试将应收账款拆分为应收款和应收票据，制作应收款的回收情况表。

第 3 章　企业经营成本和利润 ｜ 133

表 33　第 X—Z 期 资金周转率表（对照销售额）

	第 X 期		第 Y 期		第 Z 期	
销售额	XXXX 日元	指数 100	XXXX 日元	指数		
	周转率 1		1			
应收账款（应收款＋应收票据）	XXXX 日元	指数 100	XXXX 日元	XX	XXXX 日元	XX
	周转率		XX		XX	
库存资产（产品＋半成品＋原材料＋备品）	XXXX 日元	指数 100	XXXX 日元	XX	XXXX 日元	XX
	周转率		XX		XX	
固定资产（设备＋不动产＋车辆搬运工具）	XXXX 日元	指数 100	XXXX 日元	XX	XXXX 日元	XX
	周转率		XX		XX	

【注】库存资产属于直接成本

通过上述方式查找到问题点所在，接着配合盈亏平衡图表的情况分析、"ABC 管理"（详见第 4 章）的思考方式，决定问题解决对策的优先顺序。此时需要克制贪心，只能保留排在前三名的对策。其中，最优先采取的对策应由公司最高管理层中的人来担任责任人，必要时甚至需要老板本人来负责。如果公司没有如此坚定的决心和行动，那么问题是不可能得到解决的。

剩下的两个对策可以交给相应部门的负责人去执行。不过，公司上层不能把任务分派下去后就放任不管了。公司上层必须明确具体目标，让部门制订计划，然后审核计划。此时，公司上层完全可以要求执行部门定期进行情况汇报。

就像上文所说的一样，重要的是按部就班地找到问题点所在，决定问题解决对策的优先顺序，制订实施方案，实施后观察结果。如果随心所欲地应付，那还不如不做。

3.4　盈亏平衡分析图的用法

所谓盈亏平衡点，是指赢利和亏损的转折点。其计算公式是：

盈亏平衡点＝固定成本／（1－变动成本／销售总额）
＝固定成本／（1－变动成本率）

完全成本法也用这个公式来计算盈亏平衡点，它同样需要将成本拆分为固定成本和变动成本。不过，很多时候，制表人并没有说明固定成本、变动成本的具体内容。我就经常遇到分类分错的情况。好不容易分类分对了，也画出了盈亏平衡分析图，但就是看不懂盈亏平衡分析图。

告诉别人只需努力保证销售额超过盈亏平衡点就行，这种做法是不负责的。只要不是傻瓜，即便不听这种抽象的说教，自己也能知道。其实，最重要的是，从盈亏平衡分析图中获得启示，明白今后应该制订什么样的企业经营方针。换而言之，通过盈亏平衡分析图，了解企业经营的健康状况，找到方法对症治疗。

关于盈亏平衡分析图的解读方法，让我们来看看田边升一在《经营的红灯》（东洋经济新报社出版）中是怎么说的。

一般的盈亏平衡分析图就像图1这样。绘图时一定要注意横轴必须采用开工率100%（最高销售额）。因为盈亏平衡点在开工率的不同位置上会导致产生不同的经营决策。

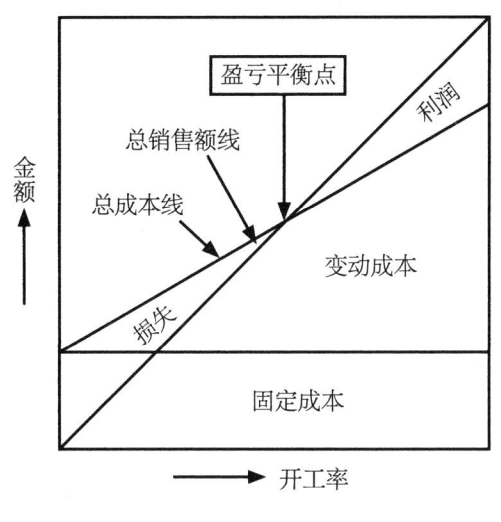

图1　盈亏平衡分析图

1. 健康型

盈亏平衡点位于开工率50%以下，说明利润率非常好，可以自由开展业务，没有任何后顾之忧，专心提高销售额即可。此时，应该将精力放在提高销售额上，而非一味地削减成本上。削减成本绝非最优解。

2. 轻症型

盈亏平衡点位于开工率 60% 至 70% 之间。在本阶段，只提高销售额是不够的，还必须尽可能地积极削减变动成本。具体方法如下：

（a）削减因变更设计而产生的材料成本

（b）降低新产品的材料成本率

（c）通过优化生产方式、操作训练等提高成品率

（d）削减包装成本、搬运成本

（e）有效再利用废料、废水等

3. 重症型

盈亏平衡点位于开工率 80% 之上。如果取经济景气时期开工率与经济萧条时期开工率的平均值来看，80% 的开工率属于普遍情况。因为，80% 的开工率意味着企业永远不可能赢利。

在这种情况下，很难期望销售额增加，一点小事就可能造成亏损，于是为了善后事宜不得不借钱，导致还款利

息负担增加。这就会引发"固定成本增加→盈亏平衡点上移→亏损增加"的恶性循环，公司极易陷入破产倒闭的险境。

关于重症的治疗，当务之急是降低盈亏平衡点。为此，要竭尽全力削减固定成本。具体对策如下：

（a）处理闲置设备

（b）提高设备运转率

（c）压缩库存

（d）通过优化工程管理减少半成品

（e）精简组织架构

（f）通过优化借款形式降低还款利息

当必须下决心采取上述措施时，最有效的做法是，更换处于关键位置上的人。有"挥泪斩马谡"的气魄，方能拯救公司。犹豫不决只会让事情发展到必须进行人事大换血的地步。

3.5　边际收益图

在直接成本法中，有相当于盈亏平衡分析图的边际收益图，如图 2 所示。横轴是开工率 100%，纵轴为开工率 100% 时的边际收益金额。边际收益线是一条自左下角到右上角的对角线，边际收益线与固定成本线的交会点就是盈亏平衡点。另外，边际收益图的用法与盈亏平衡分析图的用法一样。

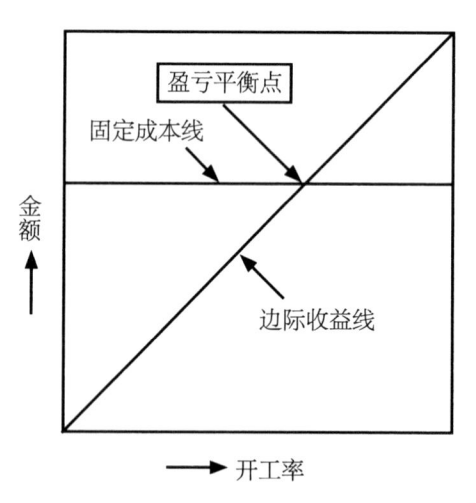

盈亏平衡点＝固定成本／（边际收益／销售额）＝固定成本／边际收益率

图 2　边际收益图

边际收益图的应用范围很广,使用也很方便。例如,如果将横轴的开工率替换成时间 1 个月,计入销售边际收益的累计值,这张图就直接变成了月度损益表。换而言之,边际收益图可以帮助你省去繁杂的计算。对于中小企业来说,这个方法非常简单便利。只要在最开始确定好固定成本标准和不同型号产品的变动成本标准,谁都可以轻松胜任成本核算工作。

也可以在确定标准变动成本率之后,用标准变动成本率除以销售额,算出变动成本。但是,因为中小企业产品的卖价波动频繁,所以不能用这个算法。直截了当地说,采用边际收益金额更现实。

另外,可以根据不同的目的尝试不同的方法。比如,随时掌握固定成本,记录累计金额;或者让固定成本与劳务费相协调等。

3.6 利润计划表与销售计划表

利润不是算出来是多少就是多少，而是产生于经营者的利润计划之中的。可以说，利润计划才是经营计划中最重要的计划之一。

制订利润计划的一般步骤是，首先确定以下各项数据：

1. 股息率

2. 贷款还款额

3. 公司存款额

4. 其他必要准备金

然后，根据各项数据制作必要利润计算表（表34）。对于必须保证多少边际收益和销售额才能获得必要利润，看了表35"必要边际收益及销售额计算表"的例子后，你就明白了。

目标制定好之后，接下来需要比较这个目标与目前没有采取任何新措施的"预估边际收益和销售额计算表"。这是问题的关键所在。目标与"预估边际收益和销售额计算表"之间肯定会存在差距（缺口）。亟待解决的问题就是如何弥补缺口。可以通过采取新手段来弥补缺口。这才是积极向上的思考方式。

表 34　必要利润计算表

1. 利润处理 　　股息（一股每年 5 分） 　　分红	150 万日元 　20 万日元　170 万日元
2. 公司存款 　　贷款还款额（每月 10 万日元） 　　公司存款	120 万日元 　30 万日元　150 万日元
3. 税后净利润 4. 税额 [净利润 ×（0.6/0.4）]	320 万日元 480 万日元
5. 利润 6. 各类准备金合计估算金额	800 万日元 120 万日元
7. 必要利润	920 万日元

表 35　必要边际收益及销售额计算表

必要利润 固定成本 　人力成本 　经费	920 万日元 1200 万日元 　800 万日元　　　　　2000 万日元
必要边际收益 必要销售额 （销售边际收益 30%）	2920 万日元 2920 万日元 ×（100/30）≈ 9723.6 万日元

作为策略，关于现状，可以考虑：

1.增加边际收益的绝对数

（a）增加销售额

（b）降低变动成本率

2.降低边际收益中的固定成本

如果可以从盈亏平衡分析图中找到重点，那就可以决定具体增减哪些费用、增减多少。为了实现具体目标，制订详细的实施计划。

然后，根据详细的实施计划，逐步开展工作。

关于加强销售，请参考与销售相关的专业书籍。在下一章，我将讨论变动成本和固定成本的削减问题。

第4章 企业经营成本的削减

—— 真实的经营

4.1　成本管理

现在，我们心安理得地用着"成本管理"一词，但"成本管理"到底是什么呢？成本管理与削减成本有什么样的关系呢？我觉得应该先弄清楚这个问题。因为，目前关于这个问题尚无定论，存在各种争议。

关于成本管理有两种主流观点：一种是"维持成本"；另一种是"削减成本"。到底哪一种观点是正确的呢？

想弄清楚这个问题，我们首先要弄清楚何谓管理。

关于管理，最普遍的认知是：

1. Plan 计划

2. Do 实施

3. Control 控制

（也有人用 Check 或 See 来代替 Control）

○计划

所谓计划，指现在决定将来的事情。重点在于"现在决定"。如果是预测的话，无论预测是否正确，都无伤大雅。但如果是"现在决定"的话，那就要按照决定的计划来行动，并获得计划预期的结果。执行结果超过预期的也好、低于预期的也罢，都没有意义。我认为，"结果超计划预期""只要实现计划的 90% 就行"这些想法都很奇怪。

○ **实施**

实施不是单纯做，而是让别人做。实施是管理者让下属执行计划，而不是管理者自己去做。有些管理者打着坐镇指挥的旗号，抢着做下属的工作，这会让下属被迫变得无所事事，沦为纯粹的工具人。我将这种做法称为尸位素餐。凡事都亲力亲为的话，就无法指挥工作。管理者的首要工作是，制订计划，传达计划。有些管理者制定计划后却不通知下属，但若想让下属执行计划，就必须将计划告知下属及相关部门，然后让下属去执行计划。

○ **控制**

所谓控制，是指有计划地缩小计划和实际之间的差距。怎么控制呢？首先要掌握计划和实际之间的差距，然后采取措施（对策）缩小差距。这是管理者日常工作中最重要的部分。管理者参与执行计划的话，就无法控制计划。如果管理者忘记自己控制计划的本职工作，忙着去执行计划的话，那就算不上是一个合格的管理者。

计划与实际情况的差距，也就是实际执行中偏离计划的那部分，被称作例外。管理者的工作就是处理例外，即"管理例外"。

综上所述，管理就是严格执行计划。也可以说，管理就是减少损失。当然，这个损失是针对计划而言的损失。尽量减少损失就是控制。这里的损失指的是机会损失。换言之，管理就是要减少机会损失。

如果说管理就是严格执行计划或者维持计划，而不是超越计划，那么成本管理就是维持计划约定的成本，而不是削减成本。也许有读者会觉得这个说法很奇怪，认为进行成本管理就是要削减成本，如果只是维持成本的话，那将毫无意义。但是，虽然成本管理与成本削减紧密相关，但两者是完全不同的概念。

以电车运行管理的例子来说。首先要制订电车运行时刻表（计划）。在正常情况下，所有电车都按照时刻表运行。但是早晚出行高峰出现电车延误（计划与实际的差距）时，就要广播提醒乘客尽快上车，从而尽可能缩短延误时长（控制）。发生事故时，只要不是重大事故，就要想尽一切办法尽快恢复电车运行。

然而，即使我们努力让电车按时刻表运行，但我们绝对不会让电车运行速度超过时刻表规定的时间。如果无视运行时刻表，疯狂开快车，会发生什么事情呢？电车运行时刻表将被打乱，各种事故会频繁发生，整个电车系统的运行将陷入严重的混乱。电车应该按照时刻表运行，既不能比时刻表快，也不能比时刻表慢。

所谓电车提速，其实是时刻表本身提速，电车只是按照提速后的时刻表运行而已。看到这里，我想读者应该明白了，电车运行管理和电车提速是两码事。

成本管理也是管理，与电车运行管理是一个道理。也就是说，成本管理是维持成本，而非削减成本。如果要削减成本，就要先削减计划成本，然后照着计划执行。

所谓生产管理，是指按照计划进行生产，而不是超计划进行生产。因为下个月会很忙，所以这个月就超计划生产，这种做法是不对的。如果因为下个月会很忙，这个月就提前增加生产的话，应该先制订相应的生产计划并执行。

4.2　计划赶不上变化

在研习会上,讲师经常提到计划应该具备的条件有:必须是可以实现的;必须是符合实际的;不勉强;必须能让人理解并接受。

这其实完全是错误的。这种思维方式不会让企业进步。

符合实际、不勉强的根据到底是什么呢?不过是根据以往的业绩来进行判定而已。从以往的业绩来看,如果不勉强、可以实现,那也就没有必要大张旗鼓地制订计划,放任自流也能实现。但是这样做就行了吗?

制订计划的根据不是以往的业绩,而是经营上的需求。顾客的无理要求、想中标、利润计划等,种种事情都是为了生存这个最高的使命,不需要任何科学的或常识性的依据。

毋庸置疑,计划是纸上谈兵,是勉强的,是不合理的,是不可理喻的。脱离固有常识的束缚,改变不合理的事物,才是我们的工作。变革才是工作的本质,才是经营。唯有变革是可以让公司存续、发展的原动力。

再讲一个真实案例——本田技研的双缸发动机的设计。最初，在社长公布设计计划时，遭到了很多人的反对。"简直是胡扯。生产成本这么高，卖不出去的。"当时，社长要求员工用单缸发动机的成本价格来制造双缸发动机。按照以往的常识来看，这个目标就是痴人说梦。但最后本田技研靠着自身力量逐个击破难点，成功实现了目标，生产出了双缸发动机。由此可见，社长的计划只是脱离了以往的业绩，但绝非纸上谈兵、心血来潮。

如果没有这位本田社长的"无理"计划，那具有独创性的双缸发动机可能就不会诞生。

削减成本的思考逻辑也一样。制定目标（计划）后，关键是努力实现目标。这个目标与过去的业绩、常识在本质上毫无关系。

4.3 削减成本的战略与战术

削减成本有两种类型：一种是战略性削减成本；另一种是战术性削减成本。用"孙子"的话来说，看不见敌人但控制敌人是战略，看见敌人并控制敌人是战术。换言之，战略性削减成本是改革经营结构导致的成本削减，可以自然而然地建立起高收益的经营业态。

具体而言，包括产品组合（product mix）、工厂设备的现代化、奠定技术基础、精简人员组织架构、提高工作积极性、销售渠道的合理化、改善资金筹措方法等。

在本书中，关于战略性削减成本，不做过多讨论。战略是每家企业经营活动的基础。企业经营者应该根据自家企业的定位和自己的信念，慎重但勇敢地制订自己的战略。战术性削减成本以战略性提出的成本削减为基础，是持续性的日常活动。比如，降低基本单位、节约经费、优化各种管理方式等。在此，我想谈一下战术性削减成本。

如前所述，削减成本时，重要的是制订削减计划，并努力实现目标，完成后再制订新的削减计划。"尽可能地削减"则是,无论削减多少,其结果都会变成"这已经是极限了"。

真正要做的不是"尽可能",而是"就这么多"。持之以恒,最终"就这么多"会积少成多变成"尽可能"。

4.4　变动成本的削减

用不着做 ABC 分析，任何公司的变动成本都是成本占比最大的部分，因而成为成本削减的重头戏。如果忘记了变动成本，先去削减经费，即使大力呼吁大家节约铅笔、节约用水等，也是徒劳的，属于下下策。我经常看见有公司在这些事情上随波逐流，导致公司蒙受巨大的机会损失。关于经费等的节约，只要做到心里有数就行，主要精力还是要集中放在变动成本上。

如果把削减成本的效果按照从大到小来进行排列，差不多就是下面这样：

1. 在设计阶段压低成本
2. 减少残次品、废品
3. 降低采购单价
4. 节约其他变动成本

4.5　用设计减少消耗

成本削减的重头戏是设计,其关键在于如何设计出成本低廉的产品。成本主要是由材料费和工资构成的,这些费用基本上由设计决定。设计之初定下的事情,后面再怎么努力,也将收效甚微。

总的来说,日本的设计师们都不大清楚也不甚关心生产一线的实际情况。设计师们的关注点都集中在产品性能、产品强度、产品设计上,这就很棘手了。认为如果考虑钱的问题就没法设计,属于认识不足。如果是针对设计的调查、研究,那还可以理解。但有越来越多的企业将是否划算作为设计产品的最低要求,产品必须能够为企业创造业绩。毋庸置疑,设计产品时的确应该认真考虑成本问题。只有兵器制造在设计时才不计较成本。

设计师们在技术上的通病有:

1. 不清楚市场情况。比如,不知道 JIS[①] 的规定与市场

[①] Japanese Industrial Standards,日本工业规格。——译者注

能力完全是两回事。

2.不清楚材料的尺寸、特性。结果就是，设计出来的产品要么成品率很低，要么过于高级。

3.不适合生产加工的实际情况。这就导致工厂加工难度大、加工费飙升。

设计师们应该认真学习并了解上述问题，而最简便的方法就是让设计师们学习工业工程知识。不仅要让设计师们积累工厂生产一线的经验，还要让他们学习工业工程知识。这样一来，设计师们在设计产品时，才能着眼于现实，科学地分析实际情况，拥有综合的全局观，关心产品成本。

当然，这些努力都不是立竿见影的，而是在为未来布局，所以我们还必须想办法解决当下的问题。关于解决办法，给大家介绍一个德鲁克先生讲的真实的案例。

IBM公司的第二大革命性政策也是从非常偶然的机遇中发展出来的。多年前，IBM正在计划生产第一台新型电子计算机。因为从一开始市场需求量就非常大（也可能是因为设计之困难超出预期），所以当设计尚未完成时，公司就不得不开始着手进行生产了。电脑最后部件的设计，是由设计师、车间主任和工人们一起在生产车间合作完成的。这次产品设计非常优秀。不仅生产技术过程得到了改良，还达到了低成本且快速的生产要求。另外，参与设计的工人们也都能够更好、更高效地完成工作任务了。此后，该设计经验被 IBM 公司推广应用到所有新产品的研发中或已有产品的更新上。自此之后，某个产品的设计在完成之前，车间主任都必须参与设计企划。车间主任承担设计的最后环节，与工程师、直接参与生产的工人一起完成设计。也就是说，车间主任与手下的工人们在专业工程师的帮助下，制订实际的生产计划，完成每一项工作。至今为止，这个方法无论用在什么工作上，从产品设计、生产成本、生产速度、工人满意度来看，都能获得一如当初的好成果。

——节选自《现代企业经营》续篇

我认识的一家公司在采用了 IBM 公司的这个工作方法后也取得了非常好的效果。这个工作方法不仅可以博采众长，还可以让很多参与设计的人获得荣誉感，有非常重要的现实意义。

多年前被引进到日本的价值工程（Value Engineering，VE）与上述工作方法的逻辑是基本一致的。

VE 的要点：

1. 详细分析产品及部件的性能（功能）。

2. 用更低廉、更少的材料和更少的加工流程，让产品满足更高的性能要求。

采购、外包、材料、设计、生产各部门的员工集思广益，举全公司之力完成设计目标。其实，这种做法并不是什么新鲜事物，在日本也能经常看到，价值工程只不过是将其固定程序化了。虽然在价值工程中采购部门掌握着主导权，但这其实并不重要。重要的是，要以实际掌握权力、充满热情的部门或人为中心。

4.6　关于试制设计的思考方式

新产品或者新型号款式的设计是削减成本的绝佳机会。接下来我将讲述一种能够最大限度利用好这个机会的思考方式。

一般来说，设计师在设计产品时似乎都极度谨慎。尤其是设计那种直接投入单件生产的产品。因为投产后很难重新调整设计，所以在设计时非常小心谨慎，这是完全能够理解的。但如果是批量生产的产品也这样小心翼翼的话，那就错了。

如果是批量生产，是可以在生产过程中反复调试产品、调整设计的。既然可以反复修改、调整产品设计，那就没有必要从一开始就谨小慎微。如果试制一次后就直接投入量产，那生产出来的产品就不叫试制品，而叫样品。

如果是这种思维方式，那削减成本就难以取得很大成效。削减成本首先需要打破常规。大家可以回忆一下前面提到的本田技研的例子。

制订无比苛刻的材料费（每个产品）预算。为了达成产品设计目标，设计师需要认真思考设计。此时，设计师不必小心谨慎，或者说不能小心谨慎，否则很难实现产品设计目标。

1. 价格极为低廉的材料
2. 极小
3. 极薄　　　　　　　　打破常规
4. 极简
5. 极度简化的外包装

一定要先计算好所需的材料费后，再修改设计，力求符合成本价格目标。千万不要将工作扔给设计师就不管了，而应该全公司上下一起集思广益，并分担工作任务。在现代企业管理中，应该没有哪家公司会让设计部门来全权决定今后公司的生产收入，沿用二三十年前的计算公式也是不可以的。

另外，不需要考虑产品的安全系数，产品的外观等也暂且放到一边，应专注于竭尽一切可能削减产品的生产成本。一旦达到了材料费的控制目标，就开始制作试制品，然后拿着试制品去进行产品性能测试。在弥补和修正测试中发现产品的弱点、不足点，同时继续睁大眼睛，寻找可以进一步压低造价的地方。这样一来,就能设计出性能和强度兼具且没有任何多余部分的产品了。

如果过于重视产前设计,是无法发现产品过于强大或多余部分的。

4.7 明确质检标准

质检员非常害怕遗漏掉产品的检查项目，格外警惕已经检查完毕的产品会再出现问题。这就导致质检员会不自觉地提高质检标准去检查产品。

我曾去一家工厂调研。所谓涂装次品，在我看来没有任何问题，但在质检员的眼里却是有问题的。如果不是质检员当面指出来，普通人根本发现不了。随着质检员的工作越来越熟练，就会出现只有质检员才能发现但完全不影响产品性能和商品价值的缺点，这些产品会被判定为不合格品。

为此，必须事先制订产品质检标准，以尽可能避免质检员凭主观经验去检测产品。根据 ABC 管理原则，要从单价高、不合格率高的产品入手，有的放矢地制订产品质检标准。对于不合格品多、不合格率偏差高的产品，不仅需要调研加工方法，还需要调查质检标准、质检方法是否过于严格。与此同时，切记一定要调查不合格品本身，以防言之无物。

一定要杜绝因为质检过于严格所导致的成本增加。

4.8 减少不良损耗

这个问题出在看似非常关心、实则漠不关心上。特别是中小企业,因为难以掌握实际不合格产品的情况,所以没有概念,也不在意,基本上就是认命放弃了。

其实,无论用什么办法,只要去调查一下不合格产品的实际情况,肯定能发现不合格产品的消耗出乎意料地高。我希望这种出乎意料的调查结果能引起管理者的注意,促使企业制定出消除不合格产品的有力措施。

消除不合格产品不仅仅是为了削减成本,还有助于提高产品质量。一般而言,公司即使想提高产品质量,也难以收到成效。因为一不小心,可能还会弄巧成拙导致成本增加。与其如此,还不如将精力放在消灭不合格产品上,反倒可以加快产品质量的提升。

据说通用电气公司(General Electric,GE)曾规定,一旦产品的不合格率达到0.6%,工厂就会中止所有生产活动,全力以赴调查产品不合格率上升的原因,待解决了产品不合格率问题之后再恢复生产。这种严谨的态度难道不值得大家学习吗?

4.9　管理部门和程序的精简化

我曾听一位企业董事说过一段令人叹息的往事。

据这位董事的回忆，为了推进企业经营的现代化、改革企业体制，他所在企业引进了工程管理、外包管理、品质管理等各种各样的管理方式。然而，每引进一种新的管理方式，就会增加一批企业员工。如果每位新增员工的平均产量有所增加，那增加员工也未尝不可，但实际上，企业管理者无法掌握具体情况。当这位董事深刻体会到了成本管理的必要性之后，打算采用成本管理制度，却不知道这样做对企业来说到底是福还是祸。

我想，很多公司高层都有着相同的烦恼。为了促进企业的现代化，的确有必要引进各种先进的管理方式。虽然引进先进管理方式的做法本身没错，但也有可能出现仅是管理技术本身得到了大幅优化，却丝毫没有改善企业经营的危险。如果最终结果变成这样，那就是本末倒置了。管理方式终究只是手段而不是目的。企业的任何行为如果不能帮助企业实现经营的目的，那就不如不做。关于这点，我们再来看一下德鲁克先生在《现代企业经营》中是怎么说的。

美国一家颇具代表性的公司的老板介绍自己的经验时说，十五年前，为了公司的发展，他收购了一家位于洛杉矶的小工厂。这家工厂每年利润有 25 万美元，老板觉得工厂值钱，所以收购了这家工厂。收购工厂时，老板和当时的工厂所有者（现在的工厂负责人）边走边聊天。老板问："你是怎么给产品定价的？"厂长回答说："很简单，做到比您公司的产品价格低 1% 即可。"老板又问："那你是怎么管理成本的呢？"厂长回答说："那也很简单，我们算清楚材料费和工人工资多少后，做好预算，就知道要生产多少产品才足够支付这些费用。"最后，老板问："你是怎么管理工厂经营费用的呢？"厂长回答说："我们厂没有怎么管理经营费用。"听完后，老板觉得，如果在工厂全面统筹管理经营费用的话，肯定能节省出一大笔费用来。但是，一年之后，那家工厂的利润跌到了 12.5 万美元。明明产品的销售量和价格都没有变，就因为采用了复杂的管理方式，工厂的利润被吞噬掉了一半。

企业必须定期审查目前采用的各种工作报告和程序是

否必要。至少五年一次，对所有管理方式都进行一次必要性的审查讨论。

我曾经帮助重建过一个公益组织。该组织当时深受各种工作报告及其他程序的繁杂之苦，于是我建议他们对此进行彻底的改革。我向组织负责人建议，先暂停两个月的工作报告，同时继续营业。两个月之后，只恢复那些负责人觉得确有必要的工作报告。该组织接受了这个提议，各种工作报告和其他程序减少到了原来的四分之一。企业的各种工作报告和程序应该控制在主要经营领域活动的必要事务范围之内。如果总想着要统筹管理所有事务，最后只会变得什么都管不好。如果执行错误的统筹，只会带来错误的结果。

——节选自《现代企业经营》

与其节约经费本身，不如先简化组织程序。先简化再节约。对于简化不了的，再考虑如何节约。

4.10　严禁随意节约经费

这是 S 公司节约经费时发生的故事。S 公司调查了每类经费过去产生的实际业绩，计算出平均值之后，定下了一年以内节约 30% 经费的目标，并开始执行经费削减计划。

因为经费削减计划执行得很彻底，所以那些可以调整的经费全部遭到了削减，其中就包括采购清洁剂的费用。这个清洁剂费用被削减之后引发了问题。现在清洁剂的使用量比削减经费之前更多了，配给的清洁剂一下子就用完了。工人们问仓库要新的清洁剂，仓库以配额用完了为由不发新的。生产车间的工人们认为，不管有没有配额限制，生产过程中清洁剂的使用是必不可少的。最后，工人们叫骂说："你们是打算让我们洗不了手吗？你们这是虐待员工，把工人当畜生啊！"清洁剂事件导致整个公司的气氛变得有些紧张。

引发工人不满的原因是，他们觉得公司与其在限制工人们使用清洁剂这种小事上大做文章，不如管管那些在大肆挥霍浪费经费的人。"最先应该削减的是那些挥霍浪费经费的人。"在这种情况下，我认为，管理层不要忘记手下的员工们时刻关注着你们的一举一动。无差别的统一管理容易招致员工的反感与不满。

我反复说过，只要做了经费的 ABC 分析就会一目了然，人力成本之外的费用其实只占经营成本的一小部分。

努力节约经费是对的，但只有主观上的努力就很麻烦。所谓经营，不是看努力程度，而是看成果大小。请不要忘记一个朴素的道理：同等努力下，效果大才是最好的。

4.11　干净与整洁

企业经营，不仅要尽可能削减经营成本，作为企业开展经营活动的前提条件之一，还需要保持工作环境的"干净整洁"。如果做不到这一点，所有改善经营的活动都可能成为徒劳。众所周知，保持工作环境的干净整洁是最难做到的事情。特别是中小企业，难以做到干净整洁才是实际情况。在那些看上去像废品收购站一样的工厂里，墙上贴着的"干净整洁"告示早已褪色残缺，让人感觉很讽刺。

我认为，难以做到环境干净整洁的原因有两个：一是管理者的认知不足；二是不知道何谓干净整洁。

关于第一点，只能要求管理者明白，工作环境的干净整洁对产品品质、成本、安全和员工精神面貌都会产生非常大的影响。

借用德鲁克先生的话来说：

激发员工工作积极性的最重要手段之一，就是保持工作环境的干净整洁，做到看不见一粒灰尘。这不仅能证明管理者一直都在认真关注员工们的工作，还能向员工们彰显管理者的严于律己，以及善意、能力等。

——节选自《现代企业经营》续篇

正如德鲁克所言，保持工作环境的干净整洁是非常重要的事情。在此，请读者们思考一个问题：工作环境的整理打扫工作是应该让员工们上班时做，还是让员工们下班后做呢？到底什么时候做才有利于企业的经营管理呢？依我所见，如果是重要的事情，就应该在宝贵的上班时间内做。如果将重要的事情放在下班后去做，那就是在表示这件事不重要。

关于第二点，干净整洁的含义是：

○**干净**

1. 扔掉不需要的东西
2. 保留需要的东西

不是单纯地保持干净。不需要的东西，无论保养得多么干净，都不叫干净。不需要的东西就应该扔掉。

不过，扔掉尚且能用的东西，也不能算干净。如果拿人体来打比方，扔掉不需要的东西就好比便秘，扔掉需要的东西就好比痢疾。消灭公司里的"便秘"和"痢疾"，才能保持公司的健康。

○**整洁**

1. 规定物品的放置地点
2. 规定物品的放置方法

整洁不是收拾。如果把所有东西全都收起来，就没法工作了。

那么，应该如何规定物品的放置地点呢？遵循"最便于工作的地点"原则即可。在规定物品放置地点时，要保证放置地点可以让人迅速拿到需要的物品。

以上就是关于保持工作环境干净整洁的思考方式。在执行时，无论如何一定要做到，现在没有使用的东西，无论是材料、工具还是设备，都要舍弃，及时扔掉不需要的东西。严禁因为觉得可能有用、或许什么时候就会有用，然后就把东西全部留下来。车间是工作的地方，不是仓库。

总之，请将物品集中放置到一个地方。只要做到这一点，工作环境就会发生翻天覆地的变化，就会给在此环境中工作的人带来惊人的影响。至于如何处置这些收集起来的物品，是修理、保留还是废弃等，交由相关人员去处理就可以了。此时，绝对不要把已经决定集中保管的物品又放回原处，而要另外规定存放的地方。

4.12　如何考虑人力成本

在本章，我们讨论了各种费用问题，最后还剩一个人力成本问题。

没有哪位企业经营者不曾为削减人力成本而呕心沥血过。我们应该如何削减人力成本呢？任何人都能想到的最朴素的办法就是降低工资。但低工资并不等同于低成本。低工资会打击员工的工作积极性，反倒经常导致企业的经营成本增加。

一个人一旦拥有了哪怕是一点技能，往往都会选择跳槽到薪资待遇更好的公司，这就会导致公司逐渐变成员工技能培养学校。如此一来，公司就不可能发展。其实，削减人力成本的重点不是"低工资"，而是"低工费"。所以，唯有提高劳动生产率才能实现低工费。

换言之，提高劳动生产率，尽可能地创造生产价值（边际收益）才是企业经营者的使命。企业赖以生存的根本是创造生产价值，而非创造利润。尽可能地创造生产价值，不是传统意义上的通过降低成本来提高利润，而是通过提高生产率促进企业发展，为社会做贡献的积极向上的思考方式。

提高劳动生产率离不开人的努力。因此，人力成本不仅是一种费用，还是对员工劳动的肯定与回报。多劳多得才符合社会道德。而且从结果来看，提高劳动生产率能够实现更大的成本削减。关于这一点，我将在第 6 章 "企业经营成果的分配"中再做介绍。

第5章 企业经营的人力资源管理
——经营中心制度

5.1　人力资源

在企业经营中，企业首要考虑的是"取得经济效益"（经济效益不是利润，是边际收益）。在任何经济机构中，这都是不可动摇的原则。大家明明都知道取得经济效益的是人，只有人才能取得经济效益，但却对人力资源管理的相关思维方式和具体对策知之甚少。关于这点，德鲁克先生在其书中也进行过阐述。

取得经济效益的前提是建立一家企业。所以企业经营者的第二个作用是，集聚人力资源和物质资源建立一个实业公司。具体而言，就是管理经营负责人（德鲁克先生所说的经营负责人，是指具体管理企业各部门的负责人，其涵盖范围很广，上至董事长、总经理，下至领班、工头等）。

根据定义，企业必须依靠所拥有的资源，创造出更多更好的财富。也就是说，产出要大于投入，要远大于所有直接构成企业的各部门成本合计总量的投入，而且必须是质的飞跃，是一个有机的整体。

所以，企业不能只是机械地组合各种资源。想要利用各种资源组合成一家企业，不能只是在一定资本的基础上机械地排列资源。虽然19世纪的经济学者的确是这么认为的，甚至现在还有不少躲在书房里的经济学者依旧秉持着这种脱离实际的观点。但是，建立企业需要让资源发生质的变化。显然，这个质变不能靠像资本这样没有生命力的资源本身去完成，而需要各部门的经营负责人来统筹管理这些资源，才能使之发生质的变化。

能够做到"一生二，二生三，三生万物"的"资源"，明显只有人力资源——人的能力。其他的资源都只遵从机械的法则。换言之，其他资源可利用的程度不同于人力资源，它们的产出不会大于投入。在组合人力资源以外的其他资源时，一定要记住，必须尽可能减少那些无法避免的生产消耗。然而，在我们可以利用的资源中，唯一能够不断成长发展的资源，只有人的能力。中世纪的政治学家约翰·福蒂斯丘爵士（Sir John Fortescue）将其称为"人的意志"。其具体含义是，拥有自由意志的人们，在领导和统合下，不再是单纯的个体的集合，而是能通过努力成为真正意义上的"整体"，能创造出超越单纯个体集合的整体，这其实就是柏拉图提出的"理想社会"的定义。

在我们讨论人的成长与发展问题时，是以人有能力决定自身为前提的。但是，我们将经营负责人与普通员工区别开来，把普通员工视作不能参与任何工作决策、不承担任何责任、只知道服从上级命令的工具人。这种做法意味着，我们把普通员工等同于其他物质资源。只要他们还在为企业服务，他们就要受到机械定律的制约。这是大错特错的。这个错误不在于对普通员工的工作定义本身，而在于没有看到，如果让普通员工的职务等同于管理者的职务，或者把他们当作管理者来对待，普通员工也可以变得更富有生产力。当然，不可否认的是，对于企业经营者来说，监管好各部门的经营负责人永远是最重要的。

所谓正确地管理经营负责人，是指通过让各部门经营负责人最大限度地发挥自身才能，使得各种资源能够更具有生产力。

——节选自《现代企业经营》

德鲁克先生否定了"管理者"就是负责管理人和工作的人这种观念，提出管理者是负责企业经营的人的概念。最大限度地发挥各部门经营负责人的能力，才是企业经营管理最重要的事情。

基于这个观点,我们来看以往的成本管理制度,就会发现这些制度完全没有考虑过对人力资源的利用。

1. 仅仅是单纯的成本核算,完全不了解人的活动到底产生了多少价值。也就是说,无法测算代表劳动成果的"生产率"。

2. 由于连成本本身都是根据分摊主义来计算的,所以不可能掌握真实的情况。

3. 根本不考虑维持企业存续发展的未来费用(未来业务费)。

以上这三个致命的缺陷,导致人力资源不仅不能帮助企业经营,反倒有害于企业经营。那么,如何才能最大限度地发挥人力资源的作用,让企业所有资源实现质的飞跃,从而促进生产率的提升呢?

首先要做的是"赋予动机"。

1. 各部门的经营负责人应该给自己制订目标计划,并实施计划,统筹管理好本部门。这样,经营负责人是会不断成长的。

2. 采取简单明了的正确方法,综合地、具体地掌握员工对企业所作的贡献或者说劳动成效。

3.可以获得与付出相匹配的报酬。

企业应该制订相关的制度，创造出这样的工作环境。

日本能率协会的中岛誉富先生提出的"MCS（管理・中心・系统）"（《经营的耕耘：管理・中心的故事~管理・藏书系列》白桃书房出版）就是一种不错的尝试。本书介绍的方法就是根据我在某公司亲身实践MCS的经历，以中小企业为使用对象，进行改造升级后得出的方法。为了方便起见，姑且称之为"经营中心制度"。

5.2　经营中心制度

中岛誉富先生说，为了尽可能让公司中更多的员工拥有较强的经营意识，将以往管理者、监管者的思考方式发展成为经营负责人的思考方式，建立制度，创造工作环境，让每个人都将自己被分派的工作任务与公司的整体经营目标保持一致，经营管理好自己的部门。也就是说，让每个部门都成为一个经营实体。那么，理所当然地，每个经营实体都存在支出与收入问题，这就需要建立一个制度，以便通过每个部门的财务报表，来评定每个部门的业绩，掌握每个部门对企业的贡献程度。

这个制度不是从会计角度来计算盈亏。既然是评定业绩，就不能只看金额，重点还是要看业绩趋势。企业应该关注的不是金额的绝对值，而是上升趋势的缓急。即使绝对值很大，但上升趋势平缓，那就存在问题；即使绝对值很小，但上升趋势很好，那就无须担心。

通过这样的制度和评价方式，各部门经营负责人就可以根据企业的总体经营目标，设定自己部门的经营目标，自主创新，提高本部门的业绩，从而为全公司的业绩提升作出贡献。

5.3　业绩核算方法

本节列举的方法，即便是公司内部审批程序、财会系统尚不完备的小企业也可以采用。

如果企业内部财会系统是完备的，那肯定可以获得更为精确的业绩核算结果。不过，业绩核算精确度高并非就是好事。因为，如果为了提高精确度，增加不必要的程序，导致成本增加，那就是本末倒置了。我要介绍的方法是看趋势。如果是根据同一标准计算出来的结果，那就不存在标准本身造成的误差，可以准确地展示趋势，无须担心其他问题。

因为是业绩考评，所以要考虑到那些无法用会计方法表示的费用，比如"延期补偿""残次品手工修复补偿""创意费"等。降价赔偿费等也不能根据税法来计算，而应该根据企业的经营需求来计算。

接下来，我将具体说明计算的费用。

○收入部分

1. 销售额及服务费

销售部门通过销售产品获得实际销售额；制造部门将产品卖给销售部门获得销售额；其他部门则参照后面提到的方法，从制造部门按边际收益的一定比例收取服务费。

2. 创意费

如果某个部门做了创新工作，那该部门的业绩自然会提高。另外，应制订规则，拨出奖金作为嘉奖，发给这个部门，以示鼓励。每项创新只能获得一次奖励。当然，奖金越多，效果就越好。可以像建言献策制度一样，以个人作为奖赏对象。不过，如果也能以团队作为奖赏对象，那就可以在企业内部营造出团结合作、齐心协力的氛围。

3. 来自其他部门的补偿金

延期补偿等。设立订货不足补偿等，也是一种方法。

○支出部分

1. 变动成本

完全变动成本就不说了。类似于电费这样的固定成本中的费用，也可以按照变动成本来处理。如果细分得太琐碎，反倒麻烦。

记录金额时，不要写实际的消费金额，而是写实际的购买金额。这样一来，即使没有仓库、公司内部的发票，也都无所谓。而且，如果知道销售额与材料采购费的比例，就可以清楚地掌握材料库存量的增减。

2. 工资薪金

计算除去股东以外的所有员工的工资。关于奖金等，可以根据公司的具体情况具体分析。要么按发放月份进行统一计算；要么列入每月的准备金中，在发放月进行精算。

3. 折旧费

为了弄清楚设备的使用费和设备更新换代的费用，需要计算设备的折旧费。会计计算的设备折旧费是从纳税角度出发的。实际上，一般而言，设备的更新换代速度会更快，费用也更高，所以要做好相关费用的预算，制订一定的标准。当然，因为实际花费要远高于税法意义上的折旧费，所以，即使麻烦，也要给每台设备逐一制订折旧标准。关于这一点，我将在下一节解释其背后的理由。

4. 材料、半成品的利率

如果有可以掌握材料、半成品每月使用情况的制度，那就用利率乘以材料、半成品的消耗数量。此时，即便是半成品，也可以根据直接成本法，计算出采购时的价格。如果没有相关制度，那就不要勉强了。

5. 延期补偿费

如果造成公司业务延期是某个部门的责任，这个部门就需要赔偿下一个部门的相关损失。比如，如果是材料延期，采购部门就要赔偿制造部门；如果是产品生产延期，制造部门就要赔偿销售部门。如果出现了向大客户延迟交货的情况，无论是否真的赔偿了客户，都要计算赔偿金额。否则，销售部门会为了获得不当利益，故意向制造部门提出过分的交货要求，以便从制造部门获得赔偿金额。因此，为了后续流程，将补偿金定得稍微高一点，其督促力度会更强。

在决定赔偿金额时，估计会引发很多讨论。如果出现滞后于生产计划的情况，无论下一个部门的状况如何，都可以视为延期。每个零部件，无论大小，都按统一标准计算延期补偿费。当然，必须确定一个简便的方法，否则计算过程会变得很麻烦。

6. 残次品退货补偿

这一类产品，不能只是无偿维修，还要让责任部门承担产品价格的2~3倍的赔偿金。要下决心把赔偿金的标准定得高一点，这样就可以促使残次品逐渐减少甚至消失。

7. 灾害赔偿

应针对因为维护不当、操作不当、管理不当造成的设备损坏、破损等，制订高额的赔偿标准。

8. 订购不足补偿

因为没有订单导致生产部门无所事事的话，销售部门需要赔偿生产部门。另外，出现没有明确理由的退货时，销售部门也要赔偿生产部门。

此外，还可以设立其他收支项目，用来管理因为某部门员工向另一个部门提供劳动或者部门之间借用员工时所产生的费用。有时候也可以选定特别需要纳入计算的费用项目，比如运输费、办公用品费等。

○不可计算的部分

1. 未来费用

如前所述，未来费用可以左右企业未来的命运。应该脱离各部门的日常业务活动，根据公司的整体计划来考虑未来费用的使用。

2. 设计变更费、增改建筑费

可以将此类费用理解为是一种未来费用。

3.定期检查费、更换费

如果不愿意将设备检查费、更换费纳入支出的统计中,可能会引发事故和设备故障。

4.安全卫生费

此类费用应由全公司统一计划管理。

5.公关接待费

公关接待费的管理需要格外注意。放任自流是绝对不行的,而且计算时,也很容易遭受非议。所以,此类费用应该从公司所处位置来单独考虑如何管理。

5.4　收支核算的含义

想要提高企业业绩，开源节流是非常重要的。这里所指的开源节流，不是指当下的收支情况，而是要从长期的角度来看待经营中心的收支计算。

在经营中心制度中，购买价格是固定的，所以销售中心如果频繁打折促销，会马上影响到公司的业绩。而其他部门为了增加自己部门的收入，就只能协助制造部门提高产品的边际收益。

在支出方面，不但要节约生产材料费、降低产品的不合格率，还要妥善使用生产工具和消耗品。否则，费用支出不会减少。

为了让少量员工完成更多的工作，就必须加大教育培训的力度，提高员工的个人能力。一直以来，改善工作、修改产品设计等都会引起员工的反感，企业应将员工的这种抵触情绪转变成工作的积极性。另外，因为招聘非必要员工会增加支出，所以不要总是招聘非必要员工。

如果需要支付设备折旧费，那就最好淘汰掉不需要的机械设备和低效率的机械设备。因此，可以借公司统一管理的由头，处理掉各部门不需要的人员和设备。

必须尽可能地减少半成品的生产，以减轻企业贷款利率的负担。如果需要支付产品的延期补偿费，就必须做好过程管理。

虽然材料晚了5天才到，但生产只推迟了3天就完成了。那么节省出来的两天的延期补偿费就应该奖励给努力赶工的员工。

结合实际情况制订交货日期，可以提高顾客的信任度。

如果不注意生产安全、设备养护，会导致更多的费用支出。总之，天道酬勤。所有的粗心大意都会带来生产费用支出的增加。

我像药品说明书一样写了许多箴言金句，读者们应该能理解我的良苦用心了。为了实现经营中心制度的目的，不能只是建立制度，还要做到下一节提到的事项。

5.5　画龙要点睛

此处所说的"睛",是指与业绩相匹配的各种晋升和报酬。如果没有晋升和奖励,经营中心制度就会变得徒有虚名,就难以实现制订经营中心制度的目的。部门的经营负责人能取得一定的成绩,意味着他拥有一定的工作能力,那就应该提拔他担负更重要的工作。反过来,业绩不佳的部门经营负责人会自我反省自身的问题。如果他不适合那个岗位,就将其调换到更适合的岗位上,再给其一次展示能力素质的机会。

提拔员工是企业非常重视此员工的具体表现。戴尔·卡耐基(Dale Carnegie)在其代表作《如何赢得友谊及影响他人》中强调,被重视的感觉是人类最渴望的东西。晋升正是人力资源管理中最重要的一点。

接下来是报酬的问题。按劳分配才会让工作拥有意义,否则,所有人都会丧失劳动积极性。关于这点,我将在下一章"企业经营成果的分配"中进行阐述。

经营中心制度的成功,在于企业在制订该制度时,要明确告知员工各种晋升与报酬的规则,而且一旦制定,就要严格执行。

5.6 各中心的收支核算

经营中心的设置

应根据各自公司的实际情况，选择最合适的单位，设立经营中心。如果是小公司，可以分成办公室和工厂；如果是稍微大一点的公司，可以大致分成总务部门、采购部门、生产制造部门和销售部门。如果已经建立了公司内部的组织系统，就可以先从科级单位开始设立各部门。如果还想细分，就把"科"拆成"股"，形成"股"级单位。"股"汇聚成"科"，"科"集聚成"部"，从横向发展变成纵向发展。

决定收支

先调研过去几个月乃至过去一年的收支情况。如果有试算表，那就直接用试算表。

第一，计算公司的总边际收益。

第二，确定各中心的边际收益后，计算各中心到底消耗了多少边际收益。此时，不要忘记，要跳过前文提到的不可以计算的费用。各中心支出费用的比例，将成为该中心收支计算时计算收入的基础。

销售中心的收支

销售中心的收入包括实际的纯销售额和来自制造中心的延期补偿金。从销售额中扣除从制造中心采购产品的金额，算出边际收益，再从边际收益中扣除劳务费、经费、支付给顾客的延期补偿费等，最后得到的就是销售中心的支出。关于产品的采购金额，从之前制作的实际收支表，计算出相对于纯销售额的销售中心支出的比例，从纯销售额中扣除这个支出比例，就得到了产品的采购单价（制造中心的销售单价）。用这个算法来计算前一年的收支，销售中心的损益相互抵消，变成零。我们规定，接下来提到的各中心用这个算法来计算前一年的收支，损益都将互相抵消，变成零。

除非产品的对外销售价格发生了改变，否则这个产品的采购价格就绝对不能改变。虽然各公司制定的标准不一样，但如果产品的对外销售价格改变了，那么产品的采购价格就应该随之改变。在激烈的行业竞争中，有时候不得不降价销售产品，此时就需要全公司齐心协力共渡难关了。

销售中心的收支计算请参照表 36 的要点进行。

表 36　X 月销售中心收支表

项目		当月	累计
①收入	1. 总销售额 退货（—） 打折（—） 2. 纯销售额 3. 延期补偿费		
	合计		
②变动成本	1. 产品采购费 2. 延期补偿费		
	合计		
③边际收益	①−②		
④固定成本	1. 工资 2. 奖金 3. 经费 4. 其他		
	合计		
⑤盈亏	③−④制造边际收益		

制造中心的收支

制造中心的收入是卖给销售中心的产品销售额和来自采购外包中心的延期补偿金；支出是，扣除变动成本之后得到的总边际收益，再从总边际收益中扣除未来费用。也就是说，先扣除一次性费用，再扣除支付给其他中心的服务费，得到制造中心的边际收益（暂定名称），最后扣除本中心的劳务费和经费，计算出盈亏结果。

计算参照表 37 的要点进行即可。

表 37　X 月制造中心收支表

	项目	当月	累计
①收入	1. 产品销售额 2. 延期补偿费 3. …… 4. ……		
	合计		
②变动成本	1. 材料费 2. 外包费 3. …… 4. ……		
	合计		
③	①－②总边际收益		
④支付给其他部门的费用	1. 未来费用 2. 支付给其他部门的服务费 …… …… 3. 延期补偿费		
	合计		
⑤	③－④制造边际收益		

（续表）

项目		当月	累计
⑥固定成本	1. 工资 2. 奖金 3. 经费 4. …… 5. …… 6. ……		
	合计		
⑦盈亏	⑤－⑥		

其他中心的收支

这些中心的收入不用说都是来自制造中心支付的服务费。它们的支出，就是各中心自己的固有劳务费和经费。在采购外包部门等，有时还需要向制造中心支付延期补偿费，所以这些中心的收支计算方法就变成了表38这样。

因为这些中心的收支是相对于制造中心的边际收益的比例，所以提高制造中心的业绩，就是提高自己中心的业绩。经营中心制度赋予了这些中心通力协作的动机。

表38　X月××中心收支表

	项目	当月	累计
①收入	1. 服务费 2. 其他		
	合计		
②支出	1. 工资 2. 奖金 3. 其他		
	合计		
③盈亏	①－②		

技术部门的收支怎么办

技术部门的工作基本上都是无形的服务，是针对工作改善、产品设计变更等当前业务的服务，以及有关新产品研发、教育培训等未来事业的服务。对于这些服务，既不能简单地计算收入，也不适合将其摊派到制造中心的边际收益中。对此，最好不要墨守成规，不要什么都去计算收支。可以尝试制订一定的标准，根据标准进行评价。

5.7 经营中心制度的精神

这一章说了这么多，其实就是说了一种思维方式。制订经营中心制度的最终目的是方便企业的经营管理。希望大家能够掌握制度中包含的利用好人力资源的精神理念。

从表面上看，经营中心制度是部门成本核算制度的改良版，但与以往的成本核算制度相比，它们在本质上是不一样的。如前所述，经营中心制度更强调各部门经营负责人自身的经营管理意识，希望他们通过对自己部门的经营管理，为企业业绩作出贡献，同时提高经营负责人自身的能力素质。

除此之外，制订经营中心制度还有一个目的，那就是创建新的人力资源管理方式。以往的人力资源管理更像是"人事事务管理"。一说到人力资源管理，就有很多诸如个人心理研究、非正式群体观察之类的东西，但这些都与各部门经营负责人的管理，即借助部门经营负责人本身的职务进行的管理没有关系。人力资源管理何去何从，无人可知。这难道是我在杞人忧天吗？

　　希望企业能够借助制订经营中心制度的新尝试，打破僵局，通过组织架构和工作，综合管理已经走投无路的人力资源管理。

第6章 企业经营成果的分配

—— 拉克计划

6.1　每个人都是在为自己工作

我自己也很喜欢我自己。与其说是在给别人打工，不如说是在为自己工作。无论一个人嘴上说得多么冠冕堂皇，到头来还是最爱自己，最终都是在为自己工作。

因此，我讨厌那些说自己是在为公司工作的员工，讨厌像以前忠君爱国的口号一样，被"为公司工作"等说辞哄得团团转。说话的当事人最清楚这其实是在自欺欺人。任何人努力工作，都是因为想享受自己的生活，梦想自由。我们的问题在于如何为自己工作。

所以，企业管理者最需要解决的问题是，确保来企业工作的员工能够实现其工作目的。这种关心才最能激发员工的工作热情。我相信，这才是企业效率的基础。

……

以我自己为例，效率最高的时候是玩耍的时候。只有在玩耍的时候，人的效率才是最高的。因为玩耍是真的为了自己而玩耍。所以，在工作时，比起为公司、为别人做事，为自己工作时的效率才是最高的。

如果不遵从人的这种心理，工作的意义就会消失。我们就不可能像教科书上的"二宫尊德"①一样背着木柴去读书了。

——节选自《高速人生》（本田宗一郎著，实业之日本社出版）

说出上面这段话的人——本田宗一郎，用十余年的时间将小作坊打造成世界第一大摩托车公司——本田技研工业株式会社。这段名言真正说出了打工人的心声。那些平时听着"不要为公司打工，要为自己工作"的本田技研员工（本田技研的员工全部为正式员工），才会在伊势湾刮台风的时候，虽然没有接到公司的通知，但无论是公司总部的员工，还是分公司的员工，或是工厂的员工，都纷纷自掏腰包去名古屋，为顾客和外包工厂工作，本田技研因此

---

① 二宫尊德是日本江户时代晚期著名的农政家和思想家，被日本人推崇为"勤勉、节俭、孝行、忠义"的道德典范。二宫年幼时失去父母，家境贫寒，不得不边劳动边学习。在日本的许多中小学里，都有展现二宫背着木柴边走边读书模样的雕像。——译者注

收到了络绎不绝的感谢信。

　　本田社长的这番话是解答如何才能让员工努力工作的关键，请务必仔细体会。

　　在认清了人是为自己工作的基础上，我们再思考一下如何提高员工的工作积极性。

6.2　单方面的成本下调要求

没有哪个企业经营者不会要求自己的员工降低成本。这是理所当然的。想要在激烈的市场竞争中取得胜利，就必须降低成本，用挤出来的钱去研发新产品，加强广告宣传，引进新设备。这是企业的生存之道，也是企业进一步发展的基础。正因为如此，企业经营者才从早到晚要求员工努力工作，号召员工提高效率，劝说员工节约经费，统筹管理公司预算，用呕心沥血积攒下来的资金购买新设备，以求降低生产制造成本。

但是，员工是如何看待企业经营者的这些努力的呢？"瞧瞧又开始教训人了。不要浪费，守住预算，提高效率，工作、工作还是工作，不要缺勤，懒鬼是公司的敌人……我们听老板的花言巧语努力工作的结果是什么呢？公司倒是赚大钱了，我们却被疯狂压榨。"

工会反对，员工个人以沉默表示反抗。成本削减成了管理者的一厢情愿。上面的指令可以传达到下面，下面的意见却不能传到上面，员工没有干劲儿，工作效果可想而知。

造成这种现象的原因，有各种说法，但薪资体系的缺点是最主要的原因之一。普遍而言，关于应该如何将劳动成果分配给员工，基本没有任何具体的规定。即使有效能工资制度，但那是以生产车间为对象或者基准的制度，用其来衡量公司全体员工的工作效率，是不公平的。一旦员工感受到了不公平，那就没法工作。毕竟人是为自己工作的。不仅是薪资体系，人事管理也存在很大的问题。

到底应该如何考量员工的薪资待遇呢？到底如何才能根据一个确定的标准来发放员工的薪资呢？不仅是薪资问题，还有人事管理制度应该怎么办？

6.3　工资应该付多少

几乎所有企业经营者都为员工的工资发放问题而头疼。工资太低的话，留不住员工；工资太高的话，员工又配不上。企业经营者们不清楚到底应该给员工发放多少工资才恰到好处。目前，公司一般是根据员工的学历、年龄、考勤、工龄等进行综合判断，计算出薪资。稍微先进一点的公司，采用职务工资制度。将这样计算出来的工资与统计数据进行比较，观察是在平均水平以上还是以下，一会儿安心、一会儿又担心，完全没有自主性。

个人薪资的总和被称为公司支付给员工的"总薪资"。这个说法实在让人难以接受。其主要缺点有：

1.公司支付给员工的总薪资中，没有该总薪资是从企业经营角度计算出来的确凿根据。

2.不是按照多劳多得来分配薪资。工资支付的标准不是员工的工作业绩，而是针对个人资历或职务的。

此外，它还有很多其他缺点。无论是从经营者的立场来看，还是从员工的角度来看，这种分配制度都是有问题的。虽然把个人资历、职务作为工资支付的标准很重要，但如果没有针对日常业务成果的报酬，员工就会丧失工作的积极性。

现在出现了提成工资、效能工资、奖金工资等各种薪资制度。从以前的霍西式、泰勒式，到近来的斯坎伦计划，有很多种薪资计算方法。此外，还有无数公司根据自身情况，制定了符合自己公司的薪资计算方法。遗憾的是，没有任何一种方法是同时获得劳资双方认可的、真正公平的方法。如果一种薪资计算方法会让公司或员工一方越来越吃亏，那这种方法就不可能长久维持下去。

艾伦·W. 拉克（Allen W. Rucker）曾说（节选自今坂朔久编纂《拉克计划》）："报酬必须从人际关系的伦理道德法则中获得经济上的支持。换言之，一个人可以根据劳动成果获得与之相应的报酬。人们需要这种具有连贯性的持续刺激。"

现实社会中真的存在这么理想的薪资制度吗？答案是肯定的。这就是拉克提出的"拉克计划（The Rucker Share of Production）"。

拉克计划的基础是生产价值，这个生产价值就是边际收益，是企业自己生产创造出来的价值，拉克称之为"生产价值"。

拉克对"生产价值"的定义是,"所谓生产价值,是指从企业产品的销售额中扣除生产所需的从外部采购的原材料、服务等费用支出后所得到的金额"。

建议大家对比一下拉克提出的"生产价值"和"贡献价值"的定义。我认为两者是一样的,都是指边际收益。

那么,这个生产价值,也就是边际收益,在拉克计划中起到了什么作用呢?

6.4 欧陆纸业公司

十多年前，美国的欧陆纸业公司发生了一场关于增加工资的争议。当时，欧陆纸业公司为了平息争议，聘请了一名顾问，这位顾问就是拉克。

拉克调研了公司的各种资料后发现，此前该公司支付给员工的薪资占生产价值的比率一直维持在 30.5%。这是公司在经过多次激烈的薪资争论，付出巨大的代价后，得到的结论，即无论公司效益好坏，都将薪资率维持在占生产价值比率的 30.5%。既然 30.5% 是得到了实践验证的比例，拉克建议公司干脆从一开始就把支付给员工的薪资确定在占生产价值的 30.5%。如此一来，公司和员工就不必再为成果的分配发生争执了。员工想要赚取更高的工资，那就努力创造出更多的生产价值。这样一来，公司和员工的利益达成一致，公司出现了劳资协调的状态。

这个建议获得了欧陆纸业公司和公司员工的认可，薪资争议从此戛然而止，全公司上下众志成城努力提高生产价值。

后面的故事大家也都知道了,欧陆纸业公司业绩斐然。不仅公司利润增加了,员工也获得了所期望薪资 2 倍之多的薪资,劳资双方都得到了满意的结果。

6.5　世界奇妙物语——薪资率的法则

拉克在自己的书中表示,相对于生产价值的薪资率是一定的,这不仅是在欧陆纸业公司通行的法则,也是在全世界各行各业都通行的法则。

拉克用三年时间调研了美国制造业从 1899 年至 1929 年 30 年间的统计数据,有了以下的发现:

1. 薪资率和薪资总额与产量有一定关系,不会变动。
2. 薪资率和薪资总额与企业的纯利润有一定关系,不会变动。
3. 薪资率及薪资总额与产品的总销售价格有一定关系,不会变动。
4. 薪资总额与生产价值成正比关系。薪资总额以一定的比率随着生产价值相应地发生变动。

——摘自《拉克计划》(今坂朔久编著)第 5 至 7 页

全美国约 30 万家制造企业的 30 年的业绩告诉了我们上

面的情况。而且,根据后续调查,该法则至今没有失手过。

表 39 是以 1914 年至 1957 年美国制造业统计数据为基础制作的比例表。从中可以看到,薪资生产分配率一直维持在 39.395%,标准偏差正负仅有 1.663% 的波动。

表 39　拉克生产分配法则的实证

（数据来自 1914—1957 年美国制造业）

（单位：10 亿美元）

年份	生产价值	总薪资	薪资分配率
1914	9.386	3.782	40.29%
1919	23.842	9.664	40.53%
1921	17.253	7.451	43.19%
1923	24.569	10.149	41.31%
1925	25.668	9.980	38.88%
1927	26.325	10.099	38.36%
1929	28.719	10.885	37.90%
1931	17.462	6.689	38.31%
1933	13.150	4.940	37.57%
1935	18.553	7.311	39.41%
1937	25.177	10.113	40.17%
1939	24.484	8.998	36.75%
1947	76.175	30.242	39.70%

1914—1947 年平均分配率 39.395%

标准偏差 ±1.663%

相关系数 0.9996

（续表）

年份	生产价值	总薪资	薪资分配率
1949	75.367	30.254	40.14%
1950	90.071	34.600	38.41%
1951	104.810	40.655	38.79%
1952	109.354	43.764	40.02%
1953	123.530	48.979	39.65%
1954	113.612	44.631	39.28%
1955	133.210	53.120	39.88%
1956	143.710	55.070	39.02%
1957	145.990	57.242	39.21%

（来自《管理》杂志 vol.20 No.4，1961 p.10）

这组数据让人啧啧称奇。在过去五十年间，即使经历了很大的经济发展，生产率有了飞跃式的提升，物价上涨、技术大进步等，这个比率也没有发生过很大的变化。不仅如此，即使这期间还发生过两次世界大战和1933年的全球性大恐慌，这个比率也几乎没有改变过。更让人惊讶的是，哪怕是调查世界各国的工业统计数据，也会发现，每个国家都有其固定的比率。即使不同行业有其自己的比率，但比率本身是固定的。日本也不例外。具体请看表 40。

表 40　日本的拉克生产分配原理的实施情况
（全国制造业总统计，数据来自通产省工业统计表）

（单位：100 万日元）

年份	生产价值（总增加值）	现金支付总额	支付分配率
1951	1178998	467169	39.62%
1952	1300008	557195	42.86%
1953	1686402	667322	39.57%
1954	1895895	745415	39.32%
1955	2098597	791982	37.74%
1956	2543668	940424	36.97%
1957	2952220	1120174	37.94%
1958	3174836	1171366	36.89%
			平均 38.86% 标准偏差 1.91% 相关系数 0.997

（来自今坂朔久编著《拉克计划》）

没有一个人注意过这个分配率，或者更准确地说，压根就没有人思考过这个问题。但是，在长达五十年的时间里，世界各国都超越了经济形势和社会形势的变化，无一例外地全部维持着一定的比率数值，让人觉得不可思议。

按照今坂的话来说,就像是有一只无形的神之手在操控着薪资生产分配率。

既然如此,那就将其视为一种法则,这便是《拉克的生产分配法则》。

日本的薪资生产分配率平均不到39%,其中固定部分算是日本独有的特色。究其原因,即使是在萧条期、空闲期,日本的企业也不会进行部分裁员。如果在日本企业施行拉克计划,需要考虑到上述特殊情况。另外,虽然薪资生产分配率平均接近39%,但从趋势来看,大企业一般低于39%,中小企业则高于39%。即便如此,劳动生产率的差异使大企业的薪资待遇更好。

就薪资率的稳定程度而言,大企业稳定。中小企业的话,企业规模越小越不稳定。而且,业绩增长时薪资率下降,业绩下滑时薪资率上升。如果薪资率持续超过50%,企业将面临破产的风险。

企业薪资生产分配率的高低、稳定度、趋势等,是诊断企业病灶的钥匙。

6.6 拉克计划的诞生

从生产分配法则中我们可以得出一个结论，像欧陆纸业公司一样，可以把薪资占生产价值的比率设定为一种制度。拉克在 1933 年发表了论文《产业复兴的关键》，提出了"生产分配法则"。接着在 1934 年，拉克出版了《与生产率成比例的薪资制度》。1937 年，拉克出版了《造福劳动者的道路》。这些著作里出现的基于生产价值的分配方式，被称为"拉克计划"。

薪资与生产价值成相应比例，不仅是稳定薪资的要求，同时还可以解决奖金计划（incentive plan）的问题，推进提高生产率的团队合作，取得更大成效。这何止是一箭双雕，还能一箭三雕。因为，拉克计划不仅在伦理道德上是占优势的，它还拥有确凿的实证根据和经济支持。

拉克计划的优点归纳如下：

1. 获得了长期实践的实证佐证。
2. 公平公正，不偏袒劳资任何一方。

3. 因为劳资的利益一致，所以可以进行协调。

4. 积极进行各种改革、合理化。

5. 综合性地关注和努力缩短工时、节约原材料、降低消耗单位、提高品质、开拓有利的销售渠道等。

6. 因为薪资总额是固定的，员工总人数越少，每位员工分到的薪资就越多，所以要避免过度聘请新职员。

7. 以赚加班工资为目的的加班，会导致其他员工的薪资金额减少。应互相监督和警惕不必要的加班。

关于缺点，我觉得没有什么大问题。非要说的话，拉克计划不适合业绩不稳定的企业。虽然这也算不上是缺点，但经营者的诚实是该制度成功的重要条件。

拉克计划不仅在美国产业界引发了出乎意料的反响，还被介绍到西德、英国、法国、西班牙等国，获得了密切的关注。很多公司采用拉克计划之后，都取得了很好的效果。在日本，十条纸业也较早地引进了该制度，并取得了好的效果，不过，十条纸业只是在奖金分配上采用了拉克计划。十条纸业规定基于拉克计划的薪资与每月支付的薪资的差额就是奖金。

拉克计划在日本还未达到家喻户晓的程度，它还有待于今后进一步的普及和正确的实践。

勇于引入拉克计划的企业经营者或工会领导人今后可能会越来越多。执行拉克计划时，必须采用专业的会计方法。一知半解的话，会有损其公平性。请大家务必注意这一点。企业应该聘请研究拉克计划的专业人士，或者充分听取拉克计划实践者的经验，做好万全的准备。

6.7　走向劳资共同经营

传统的会计理念,即"销售额－成本＝利润",这种头脑简单的赚钱主义,已经不适合于极度复杂且变幻多端的现代企业的经营管理了。不仅如此,所谓利润,是指资本的增加,是单纯的资本主义会计概念,也成为引发劳资对立的根本原因。今后的企业经营必须按照"产出总额－投入总额＝生产价值"的理念进行。最大限度地创造生产价值是企业经营者最大也是最终的任务,唯有这个才是企业赖以生存的原动力,才是对社会作出的贡献。也就是说,生产率体现了企业对自身及社会的责任。只有人可以提高生产效率,而非人以外的任何其他事物。如果企业的成果全凭人的劳动来决定,那最重要的就是努力做到最大限度地发挥人的能力。

我们早就应该摒弃将人的劳动视作成本要素的一种——薪资的观念。我们必须认识到,劳动才可以让资源发生质的改变,才能创造出生产价值。劳资双方应该携手合作创造出更多的生产价值。为了获得最好的业绩,企业经营者应该进行人力资源管理,管理好各部门负责人,让员工尽最大努力高效地完成工作任务,同时还应将所获得的劳动成果公平地分配给劳资双方。关于成果的计算及分配,可以参考拉克计划的内容。

如此一来,劳资双方不再是雇主和雇员的关系,而是合作经营企业的命运共同体,两者之间是相互信赖而非相互对立的关系。这才是企业未来存续发展的经济基础,是建立在满足人的欲望的伦理基础上的理想经营状态。

在这样的状态下,劳资双方合为一体,努力提高生产率,才可以既为员工创造幸福,也为企业带来发展,还为社会作出贡献。

主要参考文献

《现代企业经营》（日文版）皮特·F.德鲁克著　自由国民社
《现代企业经营（续篇）》（日文版）皮特·F.德鲁克著　自由国民社
《新社会与新经营》（日文版）皮特·F.德鲁克著　钻石社
《制订方针》松本雅男、畠山芳雄编著　白桃书房
《直接成本报告》今坂朔久著　白桃书房
《近代的成本管理》今坂朔久著　白桃书房
《成本的魔法》今坂朔久著　白桃书房
《拉克计划》今坂朔久编著　日本能率协会
《预期的科学》中岛清一著　白桃书房
《计划中没有错乱吗》宫村邦雄著　白桃书房
《经营的红灯》田边升一著　东洋经济新报社
《经营的耕耘》中岛誉富著　白桃书房
《效率学原论》上野阳一　技报堂